JN144934

水 木 金 土 日 月 火

7つの星をめぐる話

鏡リュウジ
鶴岡真弓

平凡社

日月火水木金土

目次

じぶんの誕生曜日を知るには「ツェラーの公式」により求めることができます。

この公式は西暦の年月日から、その日が何曜日であるかを算出する公式ですが、じぶんの誕生年月日を複雑な数式にあてはめる必要があります。

インターネット上には、誕生曜日を計算するための個人サイトを何種類も見つけることができます。誕生曜日を簡単に知るには、こういったサイトを活用するのが便利です。ただし、なかには間違っているものもあるかもしれませんので、複数のサイトで調べてみることをおすすめします。

日

日曜日　太陽

太陽に守護されたあなたは明るく朗らかな人。すっと立っているだけでその場が明るくなるような華やかなオーラを放つ人でもあります。曲がったことが嫌いでどんなことでも正攻法。一方、高い自尊心がときにトラブルのもとにも。

✳ プラネタリー・アワー

鏡　この本は、曜日の主題にそって、ヨーロッパの基層にあるケルト文化・芸術の研究家、鶴岡真弓先生とお話しさせていただく、という構成をとっています。これは企画者である畑中章宏さんのアイデアによるものなんですが、この曜日のそれぞれの名前はもちろん、「星」からきています。このアイデアをいただいたとき、僕は内心ゾクッときたんですが、それは、曜日というのがみなさんが普通に思っていらっしゃる以上に「占星術的」だからなんです。

僕たちは日常生活を週単位の曜日で秩序づけ、スケジュールを組んでいます。星占いなんて！　とふだんはおっしゃるビジネスマンの方もきっとそうでしょう？　でも、この7つの曜日のシステムはバビロニアの占星術の直系の子孫なんですよね。曜日で動いている働きもののみなさんは、だらだらした生活をしていてややもすると曜日の感覚がすぐになくなってしまう僕なんかよりも、ずっと占星術に縛られているのかもしれません（笑）。

この曜日は現在、「プラネタリー・アワー」（惑星時間）と呼ばれるバビロニアのシステムに由来しています（図1）。

1日を24時間の単位に分けるというのは古代メソポタミアで考案されました。そして、このそれぞれの時間に「占星術師たちが、彼らの信ずる宇宙論の秩序に従って、惑星神1日の各1

時間を司る務めを与えたことに由来[*1]」するんです。

たとえば、土星は土曜日の1時間を支配します。その次は木星、火星、太陽……と続いていきます。この順序はちょっとみると妙に思えるかもしれませんが、古代の宇宙論における太陽系……というより地球が真ん中にありますから、地球系のモデルに基づいています。

スピードがいちばん速くて、地球に近いのが月。その周りを水星、金星が回っていて、太陽、火星、木星、土星、さらにその周りに恒星天がある。さらにその外側を、アリストテレス[*2]以降「プライマム・モバイル primumm obile」と呼ばれるようになる「原動天」があると昔は考えていたんです。自分は動かないまま周りを動かす、不動の動者がいると。ダンテ[*3]の『天国篇』もこの考え方に従って構成されていることからもおわかりのように、このコスモスは実に

＊1　デイヴィッド・ダンカン著、松浦俊輔訳『暦をつくった人々』河出書房新社、1998年。

＊2　前384～前322　古代ギリシャの哲学者。アテナイのアカデメイアで、プラトンに学んだ。イスラーム哲学や中世スコラ学、さらには近代哲学・論理学に多大な影響を与える。マケドニア王アレクサンドロス3世の家庭教師でもあった。

＊3　1265～1321　イタリアの詩人。ルネサンス文学の先駆者で、早逝したベアトリーチェへの精神的愛を終生の詩作の源泉とした。政治家としても活躍。政変による追放後、放浪のうちに著作を続けた。叙情詩『新生』、地獄篇、煉獄篇、天国篇からなる叙事詩『神曲』など。

コペルニクスの時代に覆されるまで千数百年にわたってヨーロッパの世界観を支配します。

24時間を支配する惑星の神々は、土星、木星、火星、太陽、金星、水星、月という順番で巡っていきます。つまり地球からは遠く、動きが遅い順番ですね。土星が最初の1時間目である日、つまりは「土曜日」から24時間経っていくと、次の日の第1時間目、要するにそのプラネタリー・アワーが太陽になる。それで日曜日。そうして7日間で循環するというシステムができたということらしいんです。この曜日の考えは、驚くほど広がり、ユダヤの暦などとも習合しつつ、「東はインド、中国、西はローマに広がり」、今や世界中で標準的に用いられている。占星術の伝染力、強靭さ、恐るべしでしょ？

曜日は、その日の第1時間目の支配惑星で決定されますが、このプラネタリー・アワーによると、日曜日の第2限目、日の出から2時間目は太陽の次だから火星が支配する。3時間目は木星が支配するということになる。それぞれの日や時間帯に独自の性質があって、それが惑星の神々と対応しているというわけです。

この考え方は中世からルネサンスのころの魔術ではとても重要で、どの惑星の時間帯にどういう魔法を使うかというのが大事だったんです。

鶴岡　その人の運命を決定、支配し、祝福するか、また呪うか。運命の曜日であり、時間であるということですね。

鏡　そうです。だから、いまでも日曜日には太陽の象徴の魔法を使いますし、月曜日は月の象徴の魔法を使うのにいい日とされています。それに加えて、より厳密には24個に分けたプラネタリー・アワーに従う。たとえば、愛の魔法だったら金星の時間帯を使うようにしていたんです。

鶴岡　宇宙・自然・天体のなかに私たちは生かされている。それは、その天体の円舞《ロンド》、巡りのなかに、人間は小さな星の子供として誕生してきたという大前提があるということですね。とすれば、日・月・火・水・木・金・土というのは、天体や大宇宙にお任せのテーマではなく、人間というミクロコスモスを探る最重要の主題ですね。

鏡　日本やアメリカでは生まれた曜日をほとんど気にしないですけど、タイやブータンあたりの占い、占星術では曜日を重視するんだそうです。ビルマの曜日占いで「マハボテ」というのがありますし、あとタイの占星術も、曜日がとっても大事。いまのタイの王様が生まれた月曜日は、黄色が守護色なんですって。だから黄色を大切にするって聞きました。

✴ 獅子と太陽

鏡　さて、今回は日曜日がテーマ。太陽の日ですね。占星術では、太陽というとすぐにライオンが思い浮かびます。獅子座の守護星は太陽なんですけど、占星術で獅子はまさに太陽のイメージなんです。

太陽というのは、現代占星術ではとても重要になっています。誕生日で決まるいわゆる生まれ星座というのがあるでしょう？　僕は3月2日生まれですから魚座の生まれ。で、なぜ3月2日が「魚座生まれ」になるかというと、毎年、太陽が3月2日のころには占星術上の魚座の方向にあるからなんです。つまり、ごくごく一般的に言う「誕生星座」とは太陽星座のことなんですね。歴史的には太陽はほかの惑星と同じくらいの位置づけで、太陽だけを特権化することはあまりなかったんですが、19世紀末以降、太陽星座占いが「発明」されて、とくに1960年代以降、爆発的に普及します。現代の占星術では自我やアイデンティティの象徴とされています。天体のなかで圧倒的に明るく、自分で光る太陽は生命力や存在の神秘を表しているとされていたんです。人体との対応では、太陽は古代から魂の座と考えられた心臓にあたります。

「獣帯人間」（図2）を見ていただくと獅子座の太陽の象徴は、心臓のあたりに置かれています

1 (sunrise)	2	3	4	5	6	7	8	9	10	11	12	13 (sunset)	14	15	16	17	18	19	20	21	22	23	24
♄ Saturday	♃	♂	☉	♀	☿	☽	♄	♃	♂	☉	♀	☿ (Wednesday)	☽	♄	♃	♂	☉	♀	☿	☽	♄	♃	♂
☉ Sunday	♀	☿	☽	♄	♃	♂	☉	♀	☿	☽	♄	♃ (Thursday)	♂	☉	♀	☿	☽	♄	♃	♂	☉	♀	☿
☽ Monday	♄	♃	♂	☉	♀	☿	☽	♄	♃	♂	☉	♀ (Friday)	☿	☽	♄	♃	♂	☉	♀	☿	☽	♄	♃
♂ Tuesday	☉	♀	☿	☽	♄	♃	♂	☉	♀	☿	☽	♄ (Saturday)	♃	♂	☉	♀	☿	☽	♄	♃	♂	☉	♀
☿ Wednesday	☽	♄	♃	♂	☉	♀	☿	☽	♄	♃	♂	☉ (Sunday)	♀	☿	☽	♄	♃	♂	☉	♀	☿	☽	♄
♃ Thursday	♂	☉	♀	☿	☽	♄	♃	♂	☉	♀	☿	☽ (Monday)	♄	♃	♂	☉	♀	☿	☽	♄	♃	♂	☉
♀ Friday	☿	☽	♄	♃	♂	☉	♀	☿	☽	♄	♃	♂ (Tuesday)	☉	♀	☿	☽	♄	♃	♂	☉	♀	☿	☽

図１「プラネタリー・アワー」（惑星時間）

図３「不滅の太陽」としてのキリスト

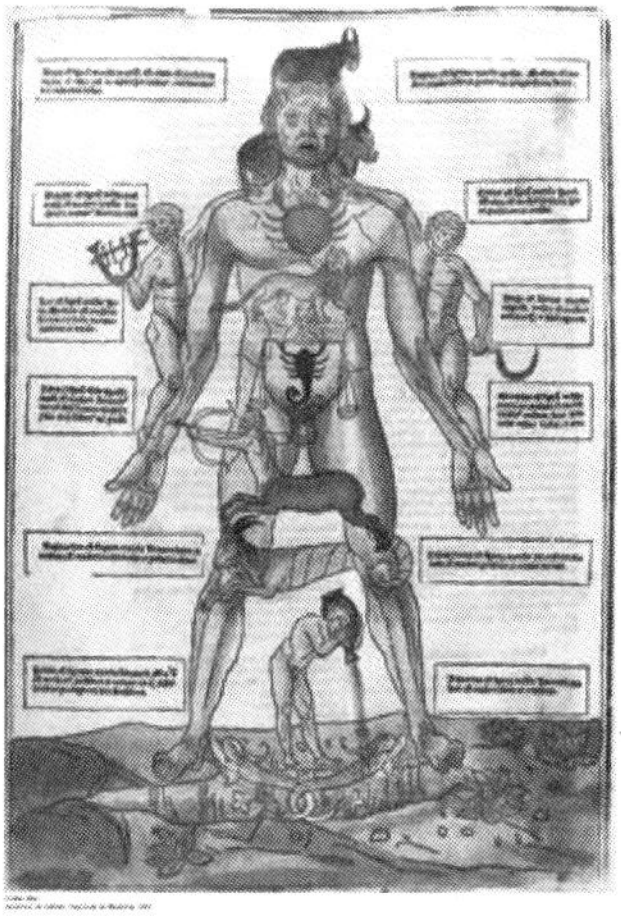

図２「獣帯人間」小宇宙としての人間

ね。「ライオンハート」、まさに太陽のハートである。また、「不滅の皇帝」といわれるローマ皇帝が、太陽神のイメージと結びつけられていたんです。それが、キリストが結びつけられるという異教との習合が起こっているわけですね。太陽神でもあるキリストが、12星座の真ん中に描かれている（図3）。

イエスは死んで蘇《よみがえ》る神ですが、太陽は占星術においても死と再生の象徴なんです。ユング心理学*4で言うところの「自己実現」も、なにかしらの形でいちど死んでから蘇らなくてはいけない。その繰り返しは昼と夜の交代でもある。古代にさかのぼれば、舟に乗った太陽神が朝に生まれて、昼に成長し、夕方に死んで、夜の冥界で食べられる（図4）。そこでもういちど再生して、若々しくなって蘇ってくる、というサイクルを繰り返すのです。錬金術においても太陽が真っ黒になり、復活するという過程が黄金を生み出すために必要だと考えられました（図5）。自分が自分であるためには、死と再生を繰り返さなければいけないんですね。

先ほど、心理学者ユングの名前が出てきましたが、この対談では話題提供としていくつか、

＊4　カール・グスタフ・ユングはスイスの精神医学者、分析心理学の創始者（1875〜1961）。フロイトの精神分析から出発しながら、集合的無意識や元型の存在を主張し、性格を内向型と外向型の2類型に分類した彼独自の分析的心理学をいう。

図 4　古代エジプトの「太陽神の舟」

図 5　錬金術の「黒い太陽」

テーマにそった画像を選んでくるという宿題が与えられていますが、今日の対談のためには、太陽のイメージとしてじつは、心理学者のカール・グスタフ・ユングの顔を入れたいぐらいなんです。

ユングは獅子座の生まれで、先ほどお話ししたように獅子座の守護星は太陽。ユングの思想は徹頭徹尾、太陽なんです。ユング心理学の目標は、インディヴィジュエーション――「個性化」「個体化」「自己実現化」などと訳されているんですけど――意識と無意識が統合して、自分のなかの大きな可能性がより自分になっていくプロセスを援助するというものです。

獅子座のユングは、自分の守護星である太陽の死と再生を一生かけて表現しようとしていたように僕には思えます。ユングがフロイト*5と別れるきっかけになったのが、1911年ごろから書かれた『変容の象徴』というある女性のファンタジーをもとに拡充していった著作なんですけど、死と再生と太陽の象徴のオンパレードです。太陽というとそれが思い出されるんです。

鶴岡　鏡さんがおっしゃるように、私たちの太陽系のなかで目視できるのは、みずから爆発し輝き続けている天体は太陽《ソル》しかないわけですよね。

人間は共同体に溶けこみながら生きてきたのですけれども、現代人はセルフ、自分自身が、他者といかに分かたれているかというところに自己の存在意識をもっています。近現代は人間に、他の人との違いや個性を強要してきましたね。個として「お前は何者か？」「Who are you?」が問われ、夏目漱石などは近代的な個について苦闘した。そこにユング自身が立っていたということですね。しかし個の探求は孤独をつくり出すことではなく「他から分かたれていることは、すなわち他と最もつながるチャンスを持っている」ということです。

私たちは20世紀の科学の所産として、太陽もなんら支障なく毎日「自動的に」昇ってくる天体で、この円舞は宇宙自然のなかでオートマティックにおこなわれていると思いこんでいます。けれども古代や中世、前近代の人たちはそうではなく、朝になれば太陽が「自動的に昇る」などとは考えられませんでした。すなわち「太陽は明日ほんとうに昇ってくれるのだろうか」と、夜の闇の恐怖におののき祈りながら暮らしていました。

世界各地の太陽信仰では、闇に沈んでいく太陽がそのまま死んでしまうのではないかとの畏《おそ》れと、敬いを伝える思想がたくさんありますね。力のある馬のような動物が太陽を牽《ひ》いてくるのでなければふたたび昇ってこない、と考えた諸民族の神話があります。なかでも、風吹き渡

＊5　1856〜1939　オーストリアの精神医学者。精神分析の創始者。独自の神経症治療を開発し、無意識の過程と性的衝動を重視した精神分析学を確立。文学や芸術の領域にわたり大きな影響を与えた。

る草原に発したインド＝ヨーロッパ語族は、ケルト人も含めて、太陽はホースパワー、馬力によって闇から引き上げられると考えた（図6）。北欧の「サン・チャリオット（太陽の戦車）」の造形はいまから2200年ぐらい前につくられ、ギリシャ神話の太陽を牽く「ヘーリオス」の馬車とも呼応していますね。

それに関連して古代ローマ人の記録によると、ケルト人は、「夜で1日を数えた」、つまり「夜から1日が始まる」と考えていました。古層のヨーロッパ人は、太陽が消えていなくなった闇黒、すべての期待と希望とおののきがないまぜになった夜を過ごして、朝を迎えていたのです。そうした意味でも、サン・チャリオットの馬の牽く大きな金色の太陽の表現の意味は、ものすごく深いですね。

そのようなわけで「馬」は太陽を「再生」させてくれる動物でした。そういえば日本でも岩手県の「チャグチャグ馬コ」は、動物界と植物界をつなげる祭礼で、「稲と馬」、豊穣儀礼につながる祭り。なんといっても「オシラサマ」は、娘と恋した馬が桑の木につながれ、首を切られてしまうけれども、天に昇って再生しますね。

鏡　ケルトの暦では1年を8等分で考えていたそうですね。1日の公転、昼夜の交代、冬至を基準とする1年のサイクルは、同時に太陽の死と再生というふうにとらえられていた。だから焚き火をたいて、太陽を応援したりするわけですよね。

図 6 「太陽の車輪」(デンマーク国立博物館蔵)

図 7　ケルト十字架（クロンマックノイズ修道院、アイルランド）

鶴岡　ヨーロッパの人たちは、5月1日のメイデーからはじまって6月の夏のピーク、夏至の日まで、太陽の最高の輝きを楽しみますね。「6月の花嫁《ジューン・ブライド》」はこの旺盛な光とつながっている信仰です。考えてみれば現代においても、1日の始まりには夜の暗黒がだんだんと薄墨色に変わり瑠璃《るり》色になる、夜が明けオレンジ、黄色になるという、光の再生のドラマが、毎日繰り広げられているのを私たちは感動をもって見ていますね。

「太陽の再生」としての黄金の夜明け《ゴールデン・ドーン》がほんとうにくるのだろうかと思いながら夜を過ごした先人たちの、思いと祈りが、今日までの占星術や芸術に表現されているのだと信じられます。

✴ 太陽崇拝のひろがり

鏡　ユングと太陽で思い出すと、ユングがアフリカを旅し、エルゴン族の長老と話したときのエピソードが思い浮かびます。エルゴン族は太陽を神的なものだとみなしているわけですが、それは太陽そのものを神とみなすのではなくて、日の出の瞬間、ご来光の瞬間を礼拝しているというのです。朝、奇跡のごとく復活した瞬間の太陽の、ヌミノースな体験こそが大切なんだということを知ってユングは感動する。

鶴岡　まさに顕現ですね。

ところで太陽に対して、月のほうは色も形も大きさも変化しますね（大きさが変わるのは目の錯覚なのですが）。太陽は、1日の動きは規則的にとらえることができ、日時計で1日の時刻も季節の変化もわかるわけですが、月はそう簡単ではありませんね。オーブリー・ビアズリー[*6]の『サロメ』の挿絵のように、突然、木立のあいだや山の端に、ぬっと現れるような印象がありますね。

鏡　太陽は冬のあいだと夏のあいだで、日の出の位置が、緯度によって変わるだけですからね。いっぽう月は19年サイクルで、いちばん北に行くときと南に行くときも変わって複雑なんです。だいたい、みかけの色や形からして月は変化していきますからね。だから昔の人は、月は予測しがたいと感じていた。

＊6　1872〜98　世紀末の挿絵画家。イギリス、ブライトン生まれ。ラファエル前派、日本の浮世絵などの影響を受け、形体を自由にデフォルメし、流麗な線と、黒白の対比が鮮やかな素描で、頽廃の色濃い特異な装飾的画面をつくり出した。

＊7　アブラハムの宗教（一神教）に対して自然崇拝や多神教の信仰をいう。

鶴岡　犬と猫の違いみたいなものを感じますね（笑）。

西洋のキリスト教信仰がグローバルに世界中に伝道されていきましたが、ペイガニズム、*7つまり異教とキリスト教の出合う瞬間が非常に重要で、アイルランドでは「太陽」が絡んできます。すなわち432年に聖パトリックがキリスト教を広めるのですが、その直後から、修道院には、大きな円環に十字を重ねた「ケルティック・クロス（ケルト十字架）」が建てられていきました（図7）。アイルランド、スコットランド、ウェールズ、コーンウォール、マン島などのケルト文化圏にみられますが、明治以来、アイリッシュ系やスコティッシュ系の人が来日した、横浜や神戸にもあります。このケルト十字架の特徴である「円環」が、異教時代からの「太陽信仰」を表していると考えられています。

そもそも「十字」というのは「世界の四方（フォー・コーナーズ）」を表す太古からのシンボルで、人間は、上下左右、天と地にわたる「世界」というものを、「菱形」や「十字」や「卍」で表してきたのでした。人間がかぎりなく手を伸ばして世界の四方に触れたいと願って生まれたカタチなんですね。その異教のシンボリズムが大もとにあり、キリスト教にも用いられるようになったと考えられています。そして「ケルト十字架」はその十字と太陽の円環が重なり合ったものでした。

鏡さんがおっしゃるように、太陽こそ、この四方に伸びる私たちの世界を包み込む天の象《かたど》りであって、オールラウンドな天体なのですよね。ですから、クリスマスのベースには異教の冬至祭があり、聖ヨハネの火祭りのもとには夏至祭があったように、異教の太陽信仰が、のちにやってくるキリスト教を包み込んでいる。そういうダイナミックな習合によるより大きな宇宙観を、ケルト十字架は感じさせるのです。

このように異教的なものが大宗教を受容していくとき、信仰のうえで、図像やシンボルにきわめておもしろいものが生まれるのです。異教、キリスト教の二層が相乗されていき、ケルト文化の人たちも十字架を受容しつつ、初期キリスト教の時代には太陽信仰の名残りも神話などのなかに同時に感得していた可能性があります。

また北欧では、11世紀ぐらいにようやく、キリスト教が各地へ広がりますけど、民間では太陽のパワーに感謝する「夏至祭」は絶えなかったわけですね。フレイザー*8の『金枝篇』からもわかるように、この最高の太陽パワーの季節には、教会も森に男女が入っていくことを許したとみられ、ご法度だった健康的なエロティシズムで交流することができたのですね。

*8　1854〜1941　イギリスの社会人類学者。全世界の民族誌資料、西洋古典・民俗学資料を博捜し、人間の宗教的思考の諸形態を集成した『金枝篇』(全13巻)はその代表作。

人間の祈りは自然の生命が絶やされないことを願う、プライマリーな、原初的なものから出発し、いろいろな宗教が連綿と織り交ざり合いつつ、よき生命論として相乗化されていく。その思考のベースにあるのはまさに日の本、日本のしるしにもなっている太陽。世界の人々は太陽を崇拝することで生きるエネルギーを得てきたのですね。

仏教も例外ではなく、東京国立博物館の法隆寺宝物館*9には、飛鳥・奈良時代の仏像の光り輝く「光背《こうはい》」の金工美が展示されていて圧巻です。光背は神々や聖人の頭部に表現される、いわば普遍的な宗教美術の精華。それらはまさにサン・チャリオットの牽く太陽や、馬頭観音像の光背の火炎のように、螺旋の渦を巻いて、聖なるフィギュアの背後に燃え立つ太陽を思わせます。仏像が失われても光背が残り、本尊のエネルギーを発散しているのです。いいかえれば、イリュミネーション(光)とフィギュア(仏神の像)が合体することで、仏像や、キリスト像や聖人像に成る。人間の形をした仏神の御身が刻まれても、背後に光り輝いているこの円環がなければ、神々しいものとはなりえないほど、要となる光の芸術なのです。

このようにみてきますと私たち現代人もなお、大いなる太陽信仰のチルドレンなのではないかと思えます。太陽系の生命は、天に輝いて燃え続ける太陽によって育まれてきた。何万年、何十万年、あるいは何億年と、我々はヒンドゥーの太陽神スーリヤや、ケルトのルーク神や、エジプトのラー神の子供たち、太陽を拝む子孫たちであったのではないかと思います。

鏡　「あの人にはオーラがある」とか、アイドルに対して「キラキラしてるね」とか言いますものね。

鶴岡　フィギュラティヴなものよりも、イリュミナティヴなもののほうが、人間にとってやはり根源的なものなのだと再認識されますね。拙著『装飾する魂』の「日・月」の章に書かせていただきましたとおり、それはまさに四天王寺[*10]の西門に信者が集まり、地平線に沈む太陽を拝む「日想観」を思いおこさせますね。

ケルトの夜明け

鏡　占星術では地平線ってすごく大事で、「ホロスコープ」の「ホロ」は「ホーラ」からきていて地平線という意味なんですよ。だから、ホロスコープというのは地平線を見るということ

＊9　1878年に奈良・法隆寺から皇室に献納され、戦後は国に移管された宝物300件あまりを収蔵・展示する。

＊10　大阪市天王寺区にある寺。もとは天台宗、第2次大戦後独立して和宗本山となる。物部守屋討伐のとき聖徳太子が四天王に戦勝を祈願して寺院の建立を発願し、593年造営に着手したと伝える。

なんです。ホーラという言葉には「アワー」、「スコープ」は観るですから、ホロスコープには時間を計測するっていう意味もあるんですね。またホロスコープの4方位をなす、4つの点があります。「アセンダント」というのは太陽が上昇してくる東の地平線。「ディセンダント」というのは太陽が沈んでいく西の地平線。ギリシャの時代から、「アセンダント」は自分自身なんですよ。それで、西の地平線、「ディセンダント」は自分ならざるもの、他者なんですよ。ディセンダントは、どこかで自分を放棄しているんですよね。結婚相手と、公の敵が一緒だったりする(笑)。その意味でいうと、自分を手放していくポイントなのかもしれないですね。

鶴岡　1年にいちど大きく「時間の反転」が起こるのがハロウィンですね。11月1日のイヴから明け方にかけて、旧から新にスイッチする、反転する時間は、ヨーロッパの基層文化、ケルトの「万霊節」(サウィン)がもとになっています。この夜から朝には明るい生命にみなぎった太陽が死を迎える。ゆえに、その観照、テオリアによって、古代人は生命にはかぎりがあるという覚悟や哲学をもち、厳冬を前にして、死が生に反転する力が湧きおこるように祈りました。あえて死の聖域に触れて、太陽の死を疑似体験することで、再生を遂げようとする。そういった「時の反転」をお祭にしてエネルギーを得ようとしました。本来ハロウィンとは「死から再生へ」の祭であるのです。

鏡　日本的な西方浄土と西洋が違うのは、西洋人は徹頭徹尾蘇りたい、ガッツがあるように感じます。

「黒い太陽」は、錬金術のイメージでいうと、再生するためにはいちど腐って死ななきゃいけない。そして、腐ったあげく浄化されて、さらに黒・白・赤の順番で金属は変容していく。まずは黒くならなければいけないんです。ほんらいは輝いている太陽が真っ黒になる、死を迎える段階がある。これが最初のプロセスなんです。ユングは、人生に悩んだり、絶望的になったときの状態に重ね合わせて、自己実現に至る過程として、黒い太陽が最初に必要だというふうに考えている気がします。西方浄土よりも、むしろこういった価値を重視するんです。

また、アリストテレスの４つの性質によると、太陽というのは乾いていて熱いんですね。それに対して、月は湿っていて冷たいんです。太陽はいちばん温かい天体なので、光と闇の対称性ということはあるんですね。

鶴岡　そうした天体である「日と月」は、コスモロジーにとどまらないで人間の切なる祈りが込められ、仏神を造立する美術においてシンボリックに表現されてきましたね。興福寺[*11]の阿修

＊11　奈良市にある法相宗の大本山。南都七大寺のひとつ。７１０年（和銅３）の平城遷都の直後に藤原不比等が建立した。寺伝では本尊の釈迦三尊像は不比等の父の藤原鎌足の念持仏といわれる。

羅像は、光明皇后、お名前自体が光明である皇后が、亡きわが子や親族を鎮魂するために造立したともいわれていますが、ご存じ三面六臂《さんめんろっぴ》の阿修羅像は、いちばん上の両手でそれぞれ日月を掲げ持っておられたわけです。

いつの世も人間が生きねばならない娑婆は厳しく、社寺の仏神像は決して抽象的な目的でつくるということはありえないんですね。古代、中世、前近代、いや我々の現代でも、飢饉や病気や死とかいったものを乗り越え鎮めなければ明日はないのです。太陽と月を阿修羅像が掲げているということは、冷たいものから温かいものへ、あるいは温かいものから冷たいものへという宇宙・生命の循環を暗示しているといえるかもしれませんね。人間は再生させる力を保証できなくとも、天や霊にはそれを実現してほしいという真摯な願いが、太陽と月を並べて表現することに結びついているのではないでしょうか。

だから、宇宙自然は生きもののためにつねに自身が再生していく。土の状態から火の状態へ。この移行、変異、変容する、動く、という自然・宇宙のありさまを、古代人は生き抜くために深く観察しており、現代人とは比べものにならないくらいきめ細かく、センシティヴな観察者・表現者だったということですね。

鏡　太陽と月を占星術ではルミナリーズ、明るいもの、あるいはライツと総称するんですよ。12の星座と7つの天体は特別な関係性にじつはあって、7つを12個に守護星として配当するので、あたりまえですけどうまくいかないんですね。そこでこう工夫します。まず太陽と月は特別なので、太陽は獅子座だけ、月は蟹座《かにざ》だけと、それぞれひとつだけを支配する。

他の5惑星は、2つずつ星座を支配することになります。水星が双子座と乙女座を支配する。金星が牡牛座と天秤座を支配する。火星が牡羊と蠍座《さそりざ》を支配する。木星が魚座と射手座を支配する。水瓶座と山羊座は両方とも土星が支配する。こうなると、月と太陽の対極にあるのが土星なんですね。ホロスコープでは山羊座の対向に蟹座が、水瓶座の対向に獅子座が位置しています。

鶴岡　対極だからこそ、その変化には気をつけなければいけない。そういう力が失われた瞬間に飢饉や日照りが起こり、ウイルスも駆逐できなくなってしまうのですね。

鏡　キリストはもちろんですが、アポロンにも治癒神という面があります。アポロンにはもうひとつカースブレイカー、呪いを破るものとしての側面がある。光で物事を見透かすことによって、ややこしいものが「なんだこんなものだったのか」ってわかり、呪いから解かれるという側面もあるかもしれないですね。

鶴岡　奈良西ノ京の薬師寺*12は、またの名で「瑠璃宮」と呼ばれました。薬師瑠璃光如来の浄土です。その聖なる東の方角から、朝日が昇ってくる直前の空が瑠璃色であり、再生する太陽、朝日を招く瑠璃が、薬師如来の癒しの力を象徴しています。徹夜をして祈り、夜明けを待ち、遂に昇ってくる太陽が生む瑠璃色の空を拝んで、意欲を湧きおこさせるのです。

鏡　まさにDawnですよね。

　西に沈む太陽と東から昇ってくる太陽について、あまり単純に対比しちゃいけないですけど、教会はたいてい東向きにつくられていますよね。ヨーロッパというのはやっぱり、昇る太陽の光の方角、オリエントに向かっていく。

鶴岡　「光は東方より」。西のヨーロッパ人から見ると、聖地エルサレムは太陽の昇る、まったき東方の聖地ですね。ヨーロッパの人々は、太陽、光がオリエントからもたらされることに憧れ、いろいろな光にまつわる思想を構築してきました。エジプト文明の錬金術に憧れ、あるいはキリスト教聖書でもイエスの誕生を拝みにくる「東方の三博士」を登場させました。

　その方位とは反対にストーンヘンジがある「西方」のケルト世界は太陽が沈んでいく方角です。アーサー王の行くアヴァロンや、アイルランド神話の「ティール・ナ・ノーグ（常若《とこわか》の国）」は、ケルトの「西方浄土」ですね。言いかえれば現代のグローバリズムへの邁進力、政治・経済・軍事的な威力への道は、西洋、ヨーロッパがもとになりましたが、その理由は、ヨーロッパの人々が、あらゆる意味で「日が沈む」という現象への畏れと厳しさを、「西方」の自然環境と歴史から深く知っていたからであるといえます。

　いっぽう私たちは、オリエントの最東端部、太陽の昇る「日の本」に暮らしてきました。真冬でも太陽は輝き、地下の太陽であるマグマによって温泉も湧く自然をあたりまえのように思っています。けれどもヨーロッパ人は大変で、アーサー王の祖先であるインド＝ヨーロッパ語族は、中央ユーラシアから出発し、北極星を追いかけながら、どうしても西へ西へと旅して、運命的に、太陽の沈む世界、ヨーロッパを、生きる場所としたわけです。その自然環境は、厳しく、北方ではいつもグレイな空を拝まざるをえない。

鏡　ケルトの復興運動ってそれこそ、「ケルティック・ドーン」とはいわず、「ケルティック・トワイライト」って言いますものね。

鶴岡　「ケルトの薄明」。W・B・イェイツ[*13]が詠んだように、まさに、そうですね。昼の太陽の明るさと、夜の月の陰りの「あいだ」「あわい」。妖しく美しい生命の変化《へんげ》を、強く感じられる、時間のゾーンですね。

鏡　要するに「黄昏」。日が沈んでいく時間帯を運動としての象徴に選んだのは、とても意味

＊12　奈良市西ノ京町にある法相宗の大本山。南都七大寺のひとつ。天武天皇が皇后の病全快を祈って建立を発願し、藤原京で創建したが、平城遷都にともない移建された。

＊13　1865〜1939　アイルランドの詩人、劇作家。世紀末の詩人として出発し、神秘的な美への憧憬を基調とした物語詩『アシーンの放浪』を出版、「アイルランド文芸復興」を指導した。

が深いと先生のお話を伺って感じました。ケルトの復興なのに、なぜ「ドーン」、暁といわなかったのか。ケルトがもう一回昇ってくるはずなのに、わざわざ日が「沈んで」ゆく時間帯の「トワイライト」といったのはケルト的なものであり、あるいは日本的なものでもある。上り調子だけではないという価値を感じさせるものですね。

鶴岡　前に言ったとおり、ケルトは1日を、夜から数えていきました。つまり1日は闇黒から始まり、そして朝の光へ、という生命再生の観念があったのだと思えます。アーサー王やイェイツの霊を呼び出して、鏡さんの話を伝えたいですね。

月

月曜日　月

月に守護されたあなたは繊細な感受性の持ち主で、周囲の人の心を察知する能力に秀でた人。困った人をほうっておけない優しい心の持ち主。親しみやすく誰からも好かれる人気者。一方で傷つきやすく情緒に流されることも。

✴ 月と人体

鏡　月と人類の結びつきははるか過去にさかのぼって、ほんとうに驚きます。これはいまから3万年ぐらい前のオーリニャック期のもので、フランスから出てきた動物の骨なんです（図1）。長らく意味不明だったのですが、1970年代にアレクサンダー・マーシャックという考古学者が解読に成功したと発表しました。じつはこれ、月の満ち欠けを表すもので、人類最古の月齢カレンダーだというんですね。しかも小さくてポータブルだから、持ち歩いていたんじゃないか。そして、人類は狩猟採集の時代から月の満ち欠けを気にしていたというんです。

「ローセルのヴィーナス」（図2）は1万8000年から2万1000年前のやはり石器時代のレリーフです。先ごろ、日本にも「ボルドー展」で来日していましたね。どう見ても妊娠している女性。洞窟の入り口から見つかったそうで、たぶん生命の誕生を表しているんだろうと。ちょうど旧石器から新石器の変わり目につくられたもので、「ヴィーナス」って呼ばれていますけど、男が名づけたから「ヴィーナス」なんでしょう。むしろ私たちは、「グレートムーン」って呼びたい。月を手にする、月の女神。

この月には13個の刻み目がある。13という数字は偶然の可能性も高いんですけど、私たち占星家の感覚からいうと月を表す数なんですね。月の公転周期は28日なので、28×13で364。

つまり、ほぼ1太陽年。月が、1太陽年のあいだに地球の周りを回る回数なんですね。すると
これもカレンダーとしての意味があるとしたら、女性の生理のサイクルが28日ぐらいで、月の
公転周期と合致しているということを彼らは知っていた。そんな説があるんです。

月経が生命の誕生とかかわっていることを2万年前の人が知っていた可能性を示している。
すると、天体と地球のサイクル、人体のサイクルを結びつける、最古の占星術イマジネーショ
ンの記録といっていいかもしれません。

鶴岡　三日月の形の女神の持ちものは、「コルヌー・コーピア(豊穣の角)」ですね。生命の循環、豊穣のシンボルが、「三日月」の形をしているというのはすてきですね。それは細くなりふたたび満ちてゆくから。古代ギリシャのヘロドトスも書いている。やはり豊穣の象徴だった牛の角でもあります。

鏡　この13が月だとすると、12が太陽の数だって占星術では考えられています。十二宮、黄道十二宮、12ヶ月、1年で太陽がたどる宿の数。12と13を対比すると、12は60進法の数なので、非常に便利な数なんです。1でも2でも3でも4でも6でも割り切れ、約数が多い。13のほうは素数なので、1か13でしか割れない。月も割り切れない、腑に落ちない、理解しにくいものなんです。

これもこじつけなんですけど、グリム童話の「いばら姫」。13人の妖精が出てくる。王様と

お后様《きさき》が、「子供が欲しい」と言っていたら、カエル、あるいはカニが出てきて、「子供が生まれますよ」と予言する。そうしたらほんとうに女の赤ちゃんが生まれて、その子に幸福を与えるために、フェアリー・ゴッドマザーたち（「仙女たち」と訳されることもあります）が12人招かれる。でも宮殿には12枚しか金の皿がなかった。金の皿って、ゴールデンディスクですから、太陽でしょう？　ところが12人呼ばれたけど、実際は13人いて、その13番目の魔女（ないし妖精）が死の呪いをかけるわけです。けれども12番目の魔女が、死の呪いを眠りの呪いに弱めてくれる。

そして、15歳になったとき、運命の糸車に刺されて死ぬだろうと言う。15歳というのは十五夜ですから月の力がいちばん強いときで、月のもつ予測不可能なまさかが、この世にはあることを示しているんじゃないか。茨《いばら》に覆われて、眠りの世界に入っていく。活動的な世界とは違うところに入っていくわけですよね。

子供向けアニメなどでは王子様や英雄が茨を剣でたたき切って、キスをしてお姫様を眠りから起こすというストーリーになっているものが多いですよね。けれども、グリム童話そのものを読むと全然違うんです。王子様はなにもしない。それまでにも何人も、茨にかかって死んでいるんですけど、王子様はたまたま100年目に来ただけ。呪いが解ける期日に来た。なにもしないで、するすると茨が開いていって、起きたときに助け出す。太陽神的な、ヒロイックな英雄物語とは全然違って機が熟すのを待つという、とってもルーナーな、月っぽい女性的な

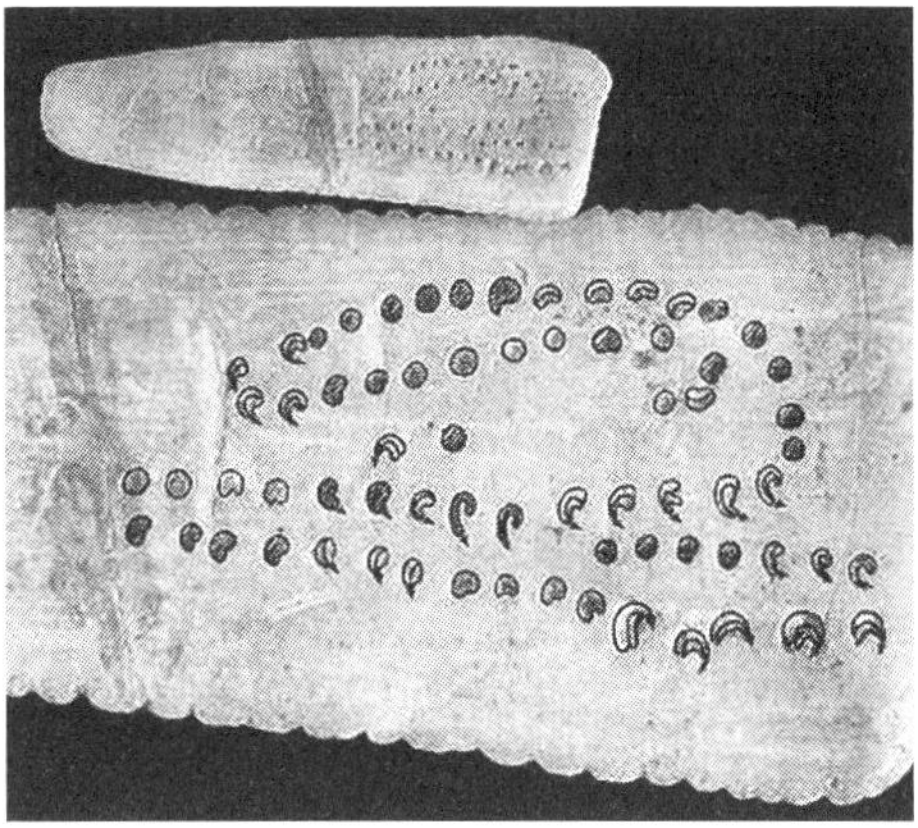

図１　石器時代の月齢カレンダー

図２「ローセルのヴィーナス」

英雄のありようをグリム童話は示しているんです。

鶴岡　1万8000年前の、旧石器から新石器時代の女神たちを大先輩として「野生の女主人」であるアルテミスは、マニエリスムの画家やロココのフランソワ・ブーシェ*1などによって妖艶に描かれ、美しい裸体画としても鑑賞されてきました。男性も女性も、キリスト教徒であっても、ギリシャ・ローマの異教の女神に憧れをもっていたのですね。なぜなら人間は豊穣に恵まれるのが喜びでありますが、女神アルテミスは、産出力と同時に、生命が欠ける、消えるというところまで司っている生命のコントローラーであるからです。つまり生命を付与すると同時に奪い取ってしまう恐るべき女神。森のなかを跋扈《ばっこ》するかっこいいホットでクールな女神なのです。宝塚の男役スターの身のこなしです。

ルーヴル美術館にあるフランスのフォンテーヌブロー派*2の画家によるアルテミス（図3）は、産む力を顕《あら》わにする古代の大地母神の力を内に秘めながら、外観はシェイプアップされた両性

*1　1703〜70　フランス・ロココの画家。パリ生まれ。イタリアに留学し、ギリシャ・ローマ神話に親しみ、光と色彩の感覚を学ぶ。ヴェルサイユ宮殿の「王妃の間」の装飾を手がけ、晩年には国王ルイ15世の首席画家となる。

*2　フランス・ルネサンス期に宮廷で活躍した画家のグループ。イタリア出身のルネサンス（マニエリスム）の画家によって基礎が築かれた。

図３「狩りのディアナ／アルテミス」

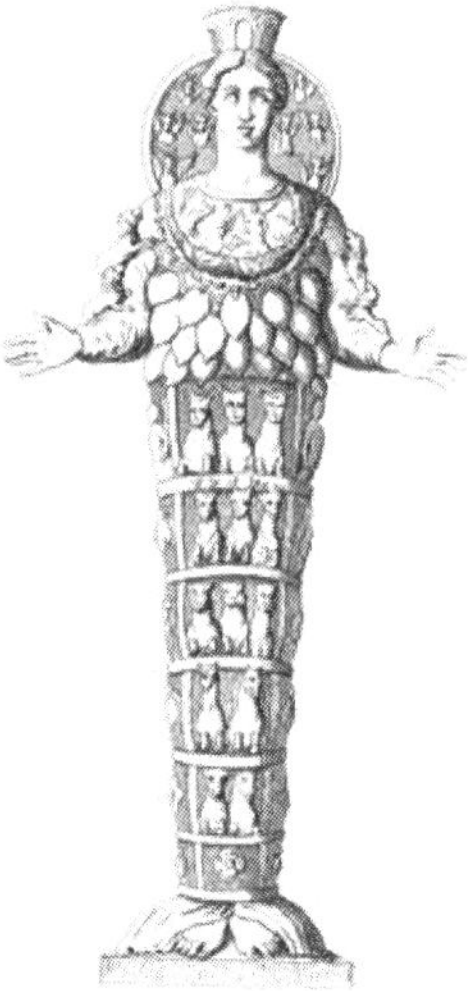

図４「エフェソスのアルテミス」

具有のようなスタイルで表現されています。生命を産むということは、奪うこともできるということであり、情け容赦のない女神として君臨しているのです。その姿に、ルネサンスやロココの貴族たちは、女性の美しくて強い斬新な側面を感じながら、野生を司る異教の女神に惹かれていました。

鏡　古い時代の「エフェソスのアルテミス」(図4)って、おっぱいがいっぱいあって、これに近いですよね。少女的なイメージではなく、過剰なまでの母。

鶴岡　そうですね。森のなかでハンターが狩りをするっていうことは生命を奪うことですよね。「アクタイオン」という男神はアルテミスの水浴する姿を見てしまい、女神の怒りに触れ鹿の姿に変えられ、猟犬に食い殺されてしまう。アルテミスはすなわちアクタイオンの命を奪った。これを供犠に立ち会うということとつなげれば、月も満ちていくと同時に欠けていって、新月の闇を招く。「生・死・再生」の循環の緊張感と歓びとを、この女神は十分に知っているのです。死は死のままにとどまるのではなく、新月から、細いクレセントの三日月へと、徐々に徐々に増えていく。この女神は原初の大地母神の残忍な側面を引き継ぎ、それゆえに、人一倍、生命を愛しむ、慈しむということを、人間に教えるわけです。

鏡　運命の女神「モイラ」の末裔かもしれませんね。命の糸を紡いで、計って切るんですもんね。

鶴岡 そうですね。19世紀末のオスカー・ワイルド[*3]の戯曲で、オーブリー・ビアズリーが挿絵を描いた『サロメ』は、そういう残酷さと慈しみというものの表裏を強調して表現し、命への緊張感を忘れがちな我々人間に、生命への認識を促すんですね。

鏡 オスカー・ワイルドの『サロメ』では、舞台の背景の月が大きな効果をあげていますね。洗礼者ヨハネの首を所望する、エロティックで魅力的で残酷なサロメ。その雰囲気をじつに盛りあげています。ヘロデ王もこんなふうに言う。「不思議な月だな、今宵の月は。さうであらう、不思議な月ではないか？ どう見ても、狂女だな、行くさきざき男を探し求めて歩く狂つた女のやうな。それも素肌のまゝ」(福田恆存訳)。

私たちが自然のなかに生きていることをいちばん実感させるのは、肉体だと思うんです。肉体があると死なないといけないですし、肉体であるかぎり空を飛べない。スピリット、精神って自由に動けるけど、肉体はそうはいかないですよね。

占星術家でユング派の分析家のリズ・グリーンは、運命はつねに女神として表象されてきた

＊3 1854〜1900 イギリスの詩人、小説家、劇作家。戯曲『サロメ』をはじめ機知と才気に溢れる、唯美主義的、芸術至上主義的作品を生み出した。

と指摘しています。大地の上、現実のなかに私たちを生かし、縛りつけているのが月の女神なんじゃないでしょうか。肉体の、筋繊維を紡ぐようなその糸が、運命の糸であったり、ＤＮＡの螺旋だったりするんでしょうね。

鶴岡　豊穣の満月になったあとに、微妙に欠けていく、陰りが見えてくる。満ちたものが、こんどは退いていく。衰微していく。生命の旺盛さと、その反対の衰えを、アルテミスは見つめていますね。ヨーロッパでまさにルネサンスという文化芸術が満月となり、大いなる術が開花した後、その技法がマニエラとなって反復されるうちに、精気が失せていくマニエリスムの時代が訪れました。すでに述べたフランスのフォンテーヌブロー派の「狩りのディアナ／アルテミス」は、象徴的にもその時代に描かれた。憂いと生命感がダブルになっている表現で、「月の女神」としての側面を表した傑作ですね。

✴ミッキーの三角帽子を思え

鶴岡　サラリーマンのお父さんがクリスマス・イヴに、酔っぱらって、子供たちにケーキを買って帰る。そこに三日月と星が描かれた三角帽子がオマケでついてきました。この三角帽子は日本の昭和時代以来の風物誌ですが、いまでもパーティなどで、その帽子はかぶられていますね。

じつはこの帽子は、ウォルト・ディズニー[*4]が1940年につくった『ファンタジア』に出てくるものです（図5）。『ファンタジア』は、ディズニーのクラシック・アニメーションの最高傑作で、この映画のなかでミッキー・マウスは魔法使いの弟子になる。魔法・魔術の師匠は、天文学者でもあり、錬金術師でもあり、時間を支配することができる。時間を支配するとは、すなわち生命時間を支配することであって、人間は、病のもとを絶ち、死を乗り越え、生命時間をどれだけ延長することができるかという錬金術の手法の探求、精神をミッキーが魔法使いから学ぼうとするわけです。この三角帽子は、お遊びの帽子ではなく、人間が医術の始まりにあったアルケミー（錬金術）によって、いかにかぎりある生命時間を乗り越えていけるかの、真剣な修業のシンボルとしての帽子なのです。そこに「月と星」がデザインされているのは、宇宙自然の生命の巡りを人間が学び、そこからさまざまな生命に関する知恵を得るという意味なの

＊4　1901〜66　アメリカ合衆国・イリノイ州シカゴに生まれたアニメーター、プロデューサー、映画監督、脚本家、声優、実業家。世界的に有名なアニメーションキャラクター「ミッキー・マウス」の生みの親。

です。

さて当のミッキーはこの三角帽子を一瞬かぶることができましたが、ほうきに水汲みなんかをさせて怠けて、魔法を使いこなすまでには至っていませんでした。アクセルの踏み方はわかっても、ブレーキを踏めないと魔術はできないのです。ただしミッキーは夢のなかで、この帽子をかぶり、宇宙の生命時間をコントロールできると有頂天になり、指揮者然として星たちを自在に動かしているポーズが『ファンタジア』のポスターやＤＶＤの表紙になっているものです（図５）。

そしてじつは、私たち自身こそが、この修業中のミッキー・マウスなのだと思います。なぜなら人間は、生きとし生けるものとして、モータルな死すべき存在として生きねばならない運命にある。けれど、医術や錬金術や魔術や芸術や武術や忍術という「術＝アート」によって、不死という最高の夢を探求し続けているのが人間であるからです。あの月星の三角帽子は、永遠の生命という不可能なことを突破しようとチャレンジし、人間が続けてきた「術」を、シリアスにそして最高の希望をもって表象しているのです。その三角帽子の意味の深みを知らず、おろそかに、パーティでかぶって騒いでいる人を見ると、私は逆にミッキーの一生懸命な試練を思い出す。「彼のがんばりを思い出せ！」「リメンバー・ミッキー‼」の三角帽子なのだと思っています（笑）。

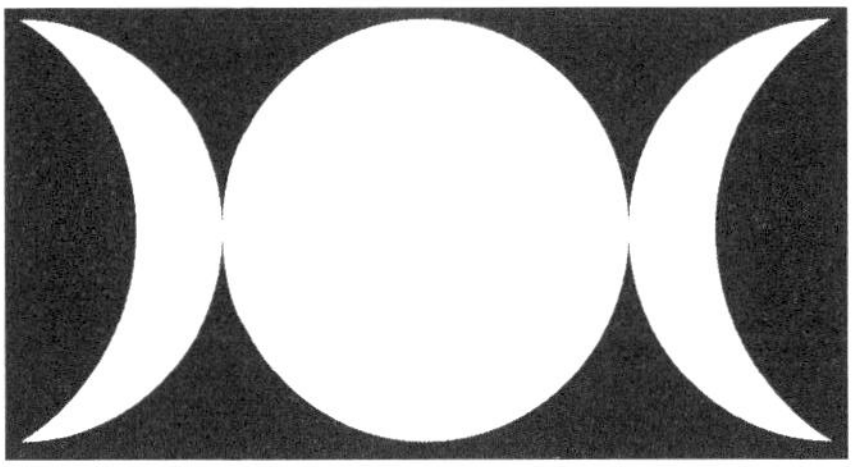

図 6　現代の魔女の「三重の月」

図 5 『ファンタジア』の DVD より。
ミッキー・マウスの「月と星の三角帽子」

図 7 『ケルズの書』のキリストの頭文字の「三つ巴文様」

台所の暗がりにいた獣の1匹にすぎなかったミッキー・マウスは、ディズニーのそうした想像力によって、選ばれた動物としてセレブレイトされていますが、このアニメに描かれたように、ドナルド・ダック以上に調子に乗ったところがあったものの、ディズニーとしては、失敗を反省してまじめに修業を続けるミッキーを育てていきたかったのだと思います。セレブは成金という意味ではなくて、「神の恩寵にあずかるもの」のことです。ですが現実は甘くはなく、神の恩寵はなかなか手に入るものではありません。「月と星の三角帽子」は、修業の長い道のりの印であり、帽子自体が「天体と人間」との交信のシンボルとなっているのです。

ちなみにムスリムの人々がターバンに羽根をつけますが、羽根は天と交信・交流するアンテナですよね。モンゴルの人たちの移動式のテントである「ゲル」や「パオ」の形も「テングリ」の思想によって、天の恩寵や霊と人間がいかに接触し合一できるか、チャンスをいただけるか、天へのコールを怠らない信仰からきたデザインなのです。

鏡　魔女のとんがり帽子もそうですね。

現代の魔女術である「ウィッチクラフト」「ウィッカ」でも、月を非常に重視するんです。これはロンドンの魔女専門書店のオーナーさんに聞いたんですけれど、魔女の三角帽子は、昔のヨーロッパの貧しい女性がかぶっていた帽子が元ネタなんですって。だから、自分たち（魔女たち）がまだ貧しかったころを思い出すための象徴なんだそうです。実際の儀式には用いないけれど、象徴的には大事にしていると。

現代のウィッチクラフトはジェラルド・ガードナーという在野の民俗学者が、昔からずっと生き残っていたある異教の人たちにイニシエーションを受けた、と言い出したことがきっかけになって誕生しました。1951年に魔女禁止令が撤廃されたとき、ガードナーはセシル・ウイリアムソンというやはり魔術研究者に協力してマン島に魔女博物館をオープンさせて、その主張を本に書いた。いろいろ調べていくと、そこに出てくる儀式の由来ってフリーメイソンだったり、アレイスター・クローリー[*5]だったりするので、どう見ても近代の産物なんです。でもそこから、現代のウィッチクラフトは広がり、リクリエイトされた。そこでは月が重要なシンボル、魔女の代表的なシンボルになっている（図6）。新月から満月へ、満月から新月へ満ち欠けしていく月の象徴で、現代の魔女はヘッドドレスにしたり、いろいろなところにつけるんです。

月には、新月、満ちゆく月、欠けゆく月の3つの相がある。これは女性の一生のサイクルを

＊5　1875〜1947　イギリスのオカルティスト、魔術師、著述家、登山家。自筆の『法の書』を聖典にした宗教、哲学である「セレマ」を提唱。

表し、若い乙女、結婚し妊娠している母親、そして死に向かっていく老婆だともいいます。この3つともが大事だということを示すシンボルだというんです。キリスト教的近代とは違う価値観を探している魔女のあいだで、月を象徴的に重視しているのはおもしろいと思うんです。

鶴岡　その原型としての「回転体文様」がユーロ＝アジア世界の各地にありますね。勾玉《まがたま》を陰陽に合わせた「二つ巴」や、それが3つで構成された「三つ巴」が最も神秘的で、これは日本では飛鳥・奈良時代に伝わり平安時代が始まるころまでに、雅楽の太鼓の文様や、お寺の瓦の装飾として本格的に定着するのですが、この文様はなんとスコットランドやアイルランドのケルト・キリスト教美術に明らかに認められるのです。福音書の装飾写本『ケルズの書』[*6]や「タラ・ブローチ」の金工芸術に、日本と同じく完成度の高い「三つ巴文様（トリスケル）」が表現されているのです。『ケルズの書』のマタイ福音書の最も有名なページには、キリストの神々しいお名前ＸＰＩ（ギリシャ語のクリストスの最初の3文字）を飾る、光としての三つ巴文様が無数に表されています（図7）。

　三つ巴の起源については、ユーロ＝アジア世界のどこかで生まれたということだけで、定説はないのですが、このように最東端部の日本にもあるし、最西端部のケルトにもあるし、古代中国の青銅器や、中央ユーラシアやインドの神秘的な装飾にもありますね。そしてこのシンボリズムは、エネルギーを巻き起こす水の回転体とも、火の回転体ともいわれています。けれどそもそも、文様＝オーナメントが人間の切実な祈りから生まれ出た美的形象にしてシンボルであるとすれば、鏡さんがおっしゃるとおり、「生と死と再生」という月の満ち欠けの変容を見た人間の感動から生まれた文様だとも思えるわけです。

わが国では先ほど申しましたように三つ巴はお寺の瓦の聖なる装飾に使われた古い文様で、飛鳥時代にさかのぼります。また阿弥陀如来が西方浄土から観音・勢至を従え、楽人を引き連れてくる平安時代の来迎図では、楽人が奏でる太鼓に、三つ巴が描かれている。こうして三つ巴はだいたい11世紀から12世紀に日本の宗教美術、工芸史のなかに定着していき、のちには神紋や家紋になっていく。関東では鹿島神宮*7、神田明神*8、関西では京都の八坂神社*9の神紋のひとつが三つ巴です。

*6 8世紀に制作された聖書写本。豪華なケルト文様による装飾が施された典礼用の福音書で、世界で最も美しい本とも呼ばれる。

*7 茨城県鹿嶋市に鎮座。常陸国の一宮。祭神は武甕槌神（建御雷神）。境内にある要石は地底のナマズを押さえ、地震鎮護に霊験があると信仰された。

*8 東京都千代田区外神田に鎮座。平将門の怨霊鎮めを起源とし、大己貴命を主神に少彦名命も祀る。徳川秀忠は武州の総社とし、城下の総鎮守として篤い崇敬を寄せた。

*9 京都市東山区祇園に鎮座。現社名は神仏分離に際して付されたもので、それ以前は祇園社、祇園感神院と称していた。祭神は素戔嗚尊（もとは牛頭天王）。

『京都異国遺産』にも書きましたように、京都は探究すれば探究するほど、和の日本、ジャポニスム、ジャパンのものが見えてくるというよりも、逆に京都でさまざまなデザインを観察していくと、京が都であった長い時間に交流した朝鮮半島、中国、インド、ユーラシア諸国の文物がわが国に流れ入ったダイナミズムが浮かび上がってくる。その中心にあった文様美術、装飾ははるかケルトまでに至る「ユーロ＝アジア世界の生命のシンボリズム」を横溢させていることを、京都にいると発見できるのです。

祇園祭の山鉾を飾るカーペットの多くは、インドや中国の西域、ヨーロッパから来ています。そしていまお話ししたようにそもそも八坂神社の神紋が三つ巴です。ケルト・キリスト教の『ケルズの書』はちょうど京都が平安京になるのと同時代に完成したもので、その装飾文様と八坂神社の神紋が同じだという、この一致のダイナミズムはすごいと思いませんか。1万キロ離れていても、ありがたき神秘の文様は奇跡のように同時に表現され、信仰の対象となっていたのです。

鏡 ある種の普遍的アーキタイプはやっぱり存在しているって考えたくなりますね。

鶴岡 そうですね。千年の都、イスタンブールや京都は「神髄のカタチをもっている」と思います。だから、京都で鏡さんみたいな方が生まれた。

鏡 いやいやいやいや、僕なんかはもう全然ダメです。

図 9　惑星の子供たち「月」

図 8　黄金のトルクをしたドルイド

図 11 「ラトナの伝説」

図 10　縄文土器のカエル文様

✳ 月のもつ奇数性

鶴岡　月といえば三日月。古代の歌や神話は月についてさまざまな想像力をはたらかせましたね。『万葉集』の巻第六の九八五番には「天《あめ》にます　月読壮士《つくよみおとこ》　賄《まい》はせむ　今夜《こよい》の長さ　五百《いお》夜継ぎこそ」という歌があり、三日月の形から「弓を引く男子」の姿がイメージされています。中世の歌人がイメージする月はどこか儚《はかな》く美的であることが多いのですが、万葉の月は明るく、若く、生命的。月読尊《ツクヨミノミコト》*10の持てる「変若水《オチミズ》」は、老いに対抗するアンチ・エイジングの思想ではなく、自然な若返りを詠うものですね。月は満ち欠けによって、また若返ってくると考えられた。中国の古代神話では、不死の仙薬を夫から盗んだ嫦娥《じょうが》が月に招かれたという。西洋の占星術でも、若さを保ついわゆる媚薬、エリクサーを探求しますね。万葉の美学は、変若水を月読の神話に託して、時間に対しては負け戦《いくさ》だとわかっていながらも死に向かって弓を放ったところにありますね。人間の生命を思う健気な心象として読めます。

「天の原　行きて射てむと　白真弓　引きて隠れる　月人壮士」という歌もあります。「月人壮士」の英雄的なシルエットに呼応するイメージとして、フランスの20世紀の彫刻家ブールデル*11には、「月に向かって弓を引くヘラクレス」のブロンズ像がありますね。人間はみな健気な月人壮士であり、死を受け容れつつ、変若水のありかを求めてゆく人とならんとする、人間の潔い探求の姿が浮き彫りになる思いがしますね。

鏡　月と狂気は集合的無意識、無意識領域でつながっていると感じます。太陽が意識と合理性、それこそアポロン的なものとすると、そこからはみだしてしまう13番目のものが月の領域。まあ、生命ってそういうものだと思うんですよね。それに対して、ケルト十字だとすると、円環に包まれた十字の部分は太陽だけれど、そこを突き破って溢れ出していく軸だったりそこを装飾する組紐や動物の世界が月。表面的な整合性としての曼荼羅にだけは収まらない月の領域。

鶴岡　ご明察ですね。どんどん産出され、こぼれ、溢れていく生命。きっちり収まる偶数性じゃなくて、はみだす「奇数性」の怪しさ、おもしろさ。そこに月の力の可能性が感じられますね。

＊10　黄泉国から帰ったイザナギが禊ぎのとき、アマテラス、スサノオとともに生まれた三貴子のひとり。夜の食国（おすくに）、あるいは海原を治めるという。

＊11　1861～1929　フランスの彫刻家。モントーバンの家具職人の家に生まれ、トゥールーズの美術学校に学ぶ。約15年間ロダンのもとで助手として働く。劇的なゴシック主義を求めるロダンに対して、ロマネスク彫刻やアルカイク期のギリシャ彫刻の素朴さと力強さを求めた。

鏡　太陽の意識からみるとはみだしていくから狂気に見えてしまう。

鶴岡　だから人間をわくわくさせる「数奇なもの」は奇数性にあると思いますね。1、3、5……という奇数＝オッドナンバーが、退屈なバランスを保っている偶数的世界に、カツを入れてアンバランスとアンバランスを動的に反動させていく。3、5、7、9、11、13……の奇数。この割り切れないものが入ると、世界が回転しはじめるのです。3月3日、5月5日、7月7日、9月9日。節句という祝い・節目が奇数であるのは、これらの節目を人間の生の暦に入れることによって、活性化させ歓びをもたらす、祭暦の知恵であります。

「三日月」はその移行・変化のシンボルですね。現代の魔女も三日月＝クレセントがシンボルということですが、古代のケルト時代やそれ以前に、実際に用いられた三日月型の首飾りが、ブリテン諸島やイベリア半島から出土しています。ブリタニアとガリアにシャーマンや神官のはたらきをした「ドルイド」[*12]が、大きな三日月型の首飾りをして儀礼をおこなったという姿が伝承されています。この首飾りを「トルク」と呼び、たいへん多くの作例が発見されているのです（図8）。古代ローマのカエサルやプリニウスも記録しているドルイドは、樫の木（ミズナラ）に育った万能薬である宿り木を医薬にした。近代人が求めたすべてを合理的に説明し尽くせるような世界ではなく、もういちど月的なものを取り戻そうというネオ・ドルイディズムやネオ・ペイガニズムといった思想や生き方のムーヴメントが20世紀後半に現れましたが、これは20世紀における魔女信仰の復活と呼応する側面ですね。つまりこれは、近現代人による憧れとしてのドルイド像ですね。

つまり、精神世界を司るこうしたシャーマン的な人々は、決して1＋1は2であるという合理性だけの世界には生きていないですね。生命とはいつもオッドナンバーで表象されるような数奇なものであり、奇数なんだということを言い続ける勇気がある。奇妙なもの、狂気は、オッドであり、それはマッドであると考えられてしまいますが、はみだすもの、そこに収まらないものの価値を見出すことは芸術の力であり、また心に余裕をもたらす力にもなりますね。

鏡　こぼれだす、あるいはもれだすといえば、この図（図9）は「惑星の子供たち」といわれる絵のひとつで、こういう絵が7枚あるんです。もともと北方のドイツあたりで生まれたものが、イタリアやフランスに下がってくる。

月の女神の子供というわけではなくて、月の女神の支配下に生まれた人たちなんですね。どういう人たちかというと、典型的には漁師さんたちなんです。月はいちばん湿った天体だ

＊12　古代のケルト人の信仰を司った聖職者、司祭階級。カエサルの『ガリア戦記』によれば、ドルイドは貴族層に属し、公私の神事、犠牲、裁判、占星、民衆の教化などを司り、絶大な権威を有した。

といわれていたので、潮の満ち引きを支配し、漁師さんたちが生まれる。地上の水界を支配しているのは月だということを示しているんですね。ディズニーとつなげると別のヴァージョンでは、不思議なことに手品師が描かれているんです。それが月の子供として描かれている。通常、トリックといえば水星が配当されますが、ここでは月。

航海にかんしては月を目印にしましたし、実際潮の満ち引きは決定的ですよね。蟹座のマーク、ザリガニが描かれている。さっきのグリム童話にも、カニ・ヴァージョンとカエル・ヴァージョンがあるらしい。蟹座は月の支配星座で、カエルも両生類なので、水の世界と地上を行ったり来たりする。ユング心理学者たちに言わせると、カニやカエルは無意識を表している母体、マトリクスから意識世界に出てくることを表すんですって。

鶴岡 縄文土器にもカエルがあり、月とカエルの関係で読み解かれたりしますね(図10)。蛇もそうですね。

鏡 「鳥獣戯画」じゃないですけど、ルネサンスのころにも、カエルが半分人間になっているみたいな絵が出てくるんですよ(図11)。オウィディウス[*13]に出てくるラトナの伝説ですね。ジュノーのライヴァル、ラトナは自分に水を飲ませなかった農夫たちをカエルに変えてしまう、これは人間が水に象徴させて、無意識のなかに飲み込まれることを象徴するのかもしれません。

近代のタロットの月のカードには犬と狼が描かれています。ルーツはわからないんですけど、16世紀に突然出現するんです。もともと、15世紀に生まれた最も初期のタロットだと、天文学者が月を測っているっていう絵や月の女神だったりする。どうして現在のような月のカードになったのかわかんないんですね。しかし、ここには月と野生を結びつける連想の力を見てとることはできます。

クラフトと受肉

鶴岡　ところでウィッチクラフトというように、「クラフト」の意味は、技能、技巧、技術、技であり、磨かれた究極の「術」のことですね。古代・中世・前近代社会では、魔術は、妖しいものとは逆で、鍛錬したものだけが身につけることのできる究極の「術」であり、それによって多くの病人を救い、人々を癒してきたのですね。古英語ではクラフトには「力」という

＊13　前43～後17　古代ローマのアウグストゥスの時代に生きた詩人。エロティシズム溢れる恋愛詩を多く残し、ラテン文学の黄金期を代表する詩人のひとりに数えられる。

意味があったように、魔女＝ウィッチの力や術は、疲弊した人間や社会におよぼす究極のパワーでした。ケルト・キリスト教の修道士が、不思議な渦巻文様や呪術的な文様を重んじたのも、異教社会の伝統にのっとったからかもしれませんね。

『ケルズの書』や『リンディスファーン福音書』*14は仔牛皮紙（ヴェラム）に聖書の文字が書かれ装飾が描かれています。肉のことを「カルネ」といいますが、この地上の「肉」に天上から聖なるものが降りてくることを、「化肉すること＝インカーネーション」といいます。それは眼に見えない霊的な天の力、神様の力が、修道士たちの手でつくる聖書の、羊皮紙や仔牛皮紙の上に受肉するということでありますね。これは天の神様のロゴス（真理）がイエスという男の子の肉体に受肉したように、聖書の皮紙にも同じように実現される。その奇跡を祈りながら、聖書の写本が中世において皮紙に書かれ描かれ、つくられていったことを示しています。

グーテンベルク以降、私たちはそうした肉、皮紙ではなく、紙、ペーパーに文字や挿絵を印刷していますが、原初的にはお経や聖書の写本をつくることは、仏神の真理を地上の皮や紙に文字や文様や絵図によって宿らせ、インカーネーションを実現する業《わざ》であったのでした。それは修道士やお坊さんが、まことの術、クラフトを得るための修業であったのです。現代のアーティストもクラフト＝術を駆使し、眼に容易には見えないものを、インカーネーションさせ、この地上の素材の上に宿らせ成就させるために努めているのです。それは文字や文様や図像をたんに写してトレースすることとは、まったく違う術であり精神なのです。

霊的なもの、よきもの、慈しむもの、うましものが、この地上の素材の上に降りてくる契機をつくる、インカーネーションを実現することに向かって、ずっと修業し旅をし続けることを、ほんとうのクラフトマンシップというわけですね。現代デザインの父であるウィリアム・モリスは、中世の修道士たちの精神の復活を理想とした。それは、近代であっても美しい工芸やものづくりの精神は、中世の信仰や神秘主義にヒントをもらえると考えたからですね。

天から降りてくるもの、きらきら光る雨粒のように、この地上に降って、地上を潤してくれる佳きもの、それらがインカーネーションするまで、私たちはこの地上でなにかを作り続け描き続けるのです。それが、人間のクラフトマンシップを磨いてくれるのではないでしょうか。グーテンベルク以降の文字が紙の上に機械でプレスされるのとは違って、『ケルズの書』のような中世の聖書の装飾写本や平家納経は、月が徐々に満ちていくように、じっくりと希望をもって進んでゆく心と術をもつことのたいせつさを教えてくれています。ほんとうの術＝クラ

＊14　7世紀末から8世紀初頭にかけて制作された聖書写本。『ケルズの書』『ダロウの書』と並び称されるケルト芸術の最高傑作のひとつ。

フトと月の変化する豊かな時間が響き合っていると思います。

鏡 そもそも「まじない」のことを「スペル」っていうんですものね。あと、魔術のやり方を書いた「魔道書」のことを、英語やフランス語で「グリモア」、「グリモワール」っていうんですけど、語源的に「グラマー」と関係があるんですね。文字や書くこと自体、魔術である。

鶴岡 北欧神話のオーディンがそうですね。彼は神であるのに、ルーン文字の秘密について知ろうと修業を積む。自分を犠牲として、木に吊り、捧げたという。それは、オーディンの片目で象徴されている。クラフトを探求するなかに、ケルトの修道士もそうしたスペルを獲得したい、近づきたいと考えたのでしょうね。

鏡 福音を呪《スペル》いっていうのは怒られそうですね(笑)。

鶴岡 救済のための、祈り、まじないですよね。まさに鵞ペンをもってスペルを綴る。

鏡 宗教学の伝統だと、なぜ宗教と魔術というのをあんなに分けたがるのか。いまはそんなことないでしょうけど、19世紀以降、魔術と宗教をどうやって分けるかっていうのを必死にやってきた気がしませんか? 古典的な定義だと、宗教は神様を信仰する。いっぽうで魔術は、神々を使役する、そこに人間の驕りがあるというような区別をしてきました。カトリックのミサなんて、僕たちからみるとやはり魔法の儀式なのに、宗教と魔術をなぜあんなにホビックに区別してきたのか。そのへんが日本人にはわかりにくいというのはありますよね。

鶴岡　私たちはなにかを定義しようと思って言葉を用いますが、アイルランドのジェイムズ・ジョイス[*15]が『フィネガンズ・ウェイク』で提起したように、言葉は世界を限定するものではなく、それを発すれば発するほど、イマジナティヴなものが自己増殖しはじめる。スペル、まじないの文字や言葉もそうで、正解を得るためではなく、書くこと、発話すること自体によって、人を救済したり、活性化したりできることをジョイスは信じたのですね。聖書にあると思いますが、ある人を言葉において殺すことも蘇生させることもできる。それは古代からいわれている、まさに言葉による、文字による、呪術なんですね。

鏡　いまのネットの世界やマニアの世界なんてまさにそうですよね。

鶴岡　太古の世界、古代や中世は歴史の彼方にあるのではなくて、現在にずっと続いている道であります。鏡さんも私もみな、その長大な果てしない道を行く「旅の仲間」なのです。トールキン[*16]が『指輪物語（ロード・オブ・ザ・リング）』で言っているように、それは「フェローシップ」で

＊15　1882〜1941　アイルランドの小説家。ダブリン生まれ。『ユリシーズ』などで意識の流れを全面に押し出し、20世紀最大の巨匠といわれる。『フィネガンズ・ウェイク』は、睡眠中の意識や夢の世界を多彩な造語を用いて表現する。

＊16　1892〜1973　イギリスの中世学者、ファンタジー作家。『指輪物語』は彼の代表作でファンタジー文学の傑作。

ある。人類の歴史も伝説の物語もすべて人類・人間という集合体、「仲間」で進む旅なのだと。私たちは古代人として、かつ現代人として、人間の、人類の長大な時間を生きていることに気づくべきだとトールキンは言っているんです。

そのように先史時代から現在までの長いスパンから我々を見つめてみると、骨や石や木に描かれているものと、1万年後にケルトの修道士が『ケルズの書』に描いたものは、それほど違わないし、日本や朝鮮半島の楽人が叩いている太鼓の文様も、古来ほとんど変わっていないことに気づくことができます。私たちは時間においても、表象の世界においても、フェロー、同じ仲間なんだということは間違いないですね。現代の私たちも科学の時代にウィッチクラフトをする人類であり、真摯な修道の徒にもなる。そう、人類は永劫回帰の「月の満ち欠けのなかに生かされている」のです。

すなわち、今日も私たちのすぐ隣に太古の人々がいるってことですよね。未来には我々自身が1万8000年前の人たちとなることでしょう。つまり現在とは、1万8000年後につながっており、1万8000年前も現在であると考える。そのとき、初めて人類として自分がいまの生を生きている、生かされているという、ダイナミズムを知ることができるのです。そうして月も、人類に豊穣の満ち欠けを繰り返していてほしいと願っているのだと思います。

火

火曜日　火星

戦いの星である火星に守護されたあなたは何事にも積極的で困難にまっすぐにぶつかってゆける勇気を持っている人。チャレンジ精神も旺盛。ただ、ちょっと短気になりがちなところが玉にキズかもしれません。

✳ケルトの「火」と歳時記

鶴岡　日本にまで広まった「ハロウィン」の起源は、古代ケルトの暦で新年の祭です。11月1日のイヴに死者たちが蘇り、厳しい冬に向かうなか、人々にパワーを贈る日。そもそもハロウィンはキリスト教の名称で「万聖節」の意味ですが、それ以前はケルトの「サウィン」つまり「万霊節」の祭でした。死者を供養し、死者たちも生者に力を送るのです。戸口を訪ねる子供たちに配るお菓子も、死者を供養する「霊魂のケーキ(ソウル・ケーキ)」が起源です。

さて次にくるケルトの祭日は、春の最初の日、2月1日の「インボルク」。そして夏の最初の日は5月1日の「ベルティィネ」です。冬から春へのインボルクの祭は、元はケルトの地母神で、キリスト教時代にクリスチャナイズされた聖ブリギッドのお祭として、今日でもアイルランドの伝統のなかでおこなわれています。ダブリンから南西へ、キルデアの町に古い教会があります。「キル」は「教会」、「デア」は「樫の木」という意味で、聖ブリギッドが5世紀に創設した修道院にさかのぼり、尼僧たちと修道僧が共同で精進した最古級の修道院でした。

聖ブリギッドは「アイルランドのマリア」とも呼ばれますが、豊穣の神ダグザの娘であったと伝えられ、いくつかの職能があり、なかでも家の「炉を守る女神」でありました(図1)。火を司る、日本の民俗学でいうところの、かまどを司る神でした。アイルランドでは赤ちゃんが生まれると、籠に入れ、お包《くる》みで巻いて、かまどや暖炉のそばにそっと置いて祝福する慣習がありました。日本にもこれに近い民俗があると思いますけど、アイルランドのそれは、聖ブリギッドのインボルク祭におこなわれるとさらによいとされています。
　このことが私たちに教えてくれるのは、「火の祝日」を介して、ケルトの「異教」と「キリスト教」が結びついたということですね。2月1日のあとの2月2日はキャンドルマス「聖燭祭」ですね。マリアとヨセフが赤子のイエスを教会（聖堂）に連れていき神に捧げ、マリアの産後も清めたという祭で、キャンドルに火を灯し感謝します。赤ちゃんつまり「生まれたばかりの命を炉のそばに置く」のは、火の生命力をいただくことであり、そしてもうひとつは、火によって浄化する、清められることを意味しました。

鏡　「Februa」ですね。古代ローマで浄めの儀式がおこなわれていたという。

鶴岡　そうですね。「February」は「清めの月」です。東洋の五行説でいえば、水は火によって消され、水が「清め（purification）」の表象であり、火もまた「清める」はたらきをもっています。古代からヨーロッパの人々も、火をパワフルなエネルギーの象徴であると同時に、浄化し、清めるものとして崇拝してきました。インボルクにかぎらずともキルデアの教会に行きますと、「聖ブリギッドの泉」があり、いわば「水と火」がセットになって祀られていますね。ケルト文化の人たちは、サウィン（ハロウィン）の夜に蘇る霊魂を、ランタンの火のなかに見つめ供養し、浄化されることを祈りましたが、ブリギッドの火と水もそれに匹敵する清めと癒しのしるしとして重要なものなのです。

そうした冬から春への季節、日本では奈良東大寺のお水取り、二月堂の「修二会《しゅにえ》」*1も旧暦の2月（新暦の3月）におこなわれますね。若狭井《わかさい》から水を汲み、舞台でお清めのお松明《たいまつ》が掲げられ、「水を汲む」儀礼と「火で清める」儀礼の両方によって春迎えがおこなわれます。ゾロアスター教の国、ペルシャは地面から火が噴き出ているほどの国で、深く火が崇拝されてきました。冬のデモーニッシュな鬼たちを祓い清めるという点で、ケルトも日本もペルシャもつながっているのです。

鏡　ちょうど冬至と春分の真ん中ぐらい。節分にも近いですよね。

鶴岡　清めることは癒すことでもあって、現代の看護士の人たちは、2月2日の「キャンドルマス（聖燭祭）」に戴帽式をおこないますね（図2）。癒す職業の人々を聖母マリアが見守る日です。このキリスト教の慣習は、明治時代以来、日本でもおこなわれてきました。

＊1　奈良・東大寺二月堂で毎年おこなわれる行のひとつ。例年、3月1日から14日まで本行がおこなわれ、終わるころには冬が明けていることから、春を告げる行事ともいわれる。

火

図1　火を掲げるアイルランドの聖ブリギッド

図2　看護士の戴帽式

癒す人といえば、ケルトの伝説「トリスタンとイゾルデ」のアイルランドの姫イゾルデは、コーンウォールの騎士トリスタンの深傷を癒します。癒す人は火やその象徴に触れています。火でしか悪を焼くことはできない。焼くことは浄化でもありますね。またこのふたりは「媚薬」を飲む運命となりますが、互いを求め合うその薬はひとつの火であり、ふたりは魂に火を灯しながら、死が迫りくる困難をも突破していくのです。

鏡　炉の火の連想でお話をつなげると、ギリシャ神話には「ヘスティア」っていう炉の女神が知られていましたでしょう？　ローマでは「ヴェスタ」となりますよね。じつはこのヘスティアという女神は、占星術の実践のなかでも一部では重視されているんですよ。

曜日の名前のもとになった7つの惑星は、バビロニア以来、神々の名前で呼ばれているわけですね。その伝統を受け継いで、近代以降発見された天体も神話上のキャラクターの名をとって命名されることが多かったわけですが、そのなかにヴェスタと呼ばれる小惑星があるんです。

伝統的な占星術では7つの惑星を用いていたんですが、ガリレオが望遠鏡を天に向けて以来、太陽系のなかに新しい天体が続々と発見され、一部の占星術師たちはいまでは何万個もある小惑星までも判断材料として取り込もうとしています。そのなかでも最初に発見された4つの小惑星を使う人は多くて……つまり、セレス、パラス、ジュノー、ヴェスタです。

なぜこの4つが注目されているかというと、1980年代以降に占星術の世界にも流れ込んできた「女性の霊性」Women's Spirituarity の影響ですね。

伝統的な7つの惑星だと、女性が月と金星しかないんです。するとジェンダーバランスから考えると、女性が少ないじゃないかと。月だとお母さんないし、金星だと恋人というふうに、女性は母や妻、あるいはセックスの相手というイメージしか伝統的な占星術にはなかったんですね。これではあまりにも酷いということで、1980年代ぐらいから、女神の名前がついた小惑星を入れていこうという「フェミニスト占星術」が出てきたんです。いろいろな女神の元型を星空に見ていくことで、より多様な女性の生き方のありようを探ろうとする方法で、ユング心理学者のジーン・シノダ・ボーレンの『女はみんな女神』（村本詔司他訳、新水社）がアメリカでは大ベストセラーになり、多くの人々に影響を与えました。なかでも占星術家のデメテラ・ジョージその影響から『小惑星の女神』（Asteroid Goddess）という本を書きました。

なかでも「ヴェスタ」がおもしろい象徴で、家の中心に炉の女神がいて、家全体を温める。あるいはコミュニティの中心にあって、それ自体を温めるんだけど、自分はほぼなにもしないんです。要するにただそこにいるだけ。パラスみたいに知性であるとか、ヴィーナスみたいに恋の気持ちを起こさせるとか、あるいはセレスみたいに産むとか育むとかいうような能動的なことはなにもしなくて、女性の温かい炉の炎がそこにあるだけなんです。ビーイングっていうだけで周りを温める、まさに癒しですよね。『ホメロスの諸神讃歌*2』のアフロディーテ讃歌のなかでは、ポセイドンやアポロンといった偉大な男性神の求婚を固辞して、その結果、「父神ゼウスはこの女神に、結婚に代えてうるわしい名誉を授けた。それゆえに女神は最も良い座を選び、家の真ん中に座を占めている。あらゆる神殿において崇められ、なべて人間たちは、この女神を神々のうちで最も尊ぶ」ことになったと歌われています。これは外部の価値に依存することなく、内なる権威、静かな内的中心点を象徴するものとして現代的な意味をもつと考えられるようになったんです。ボーレンの言葉によれば「ヘスティアは内的中心性の元型である。彼女は活動に意味を与える『静止点』であり、それによって女性が外界のカオス、無秩序、あるいは通常の日常的な喧騒のまっただなかに根づくことを可能にする内なる照合点である。自分のパーソナリティのなかにパーソナリティがいることで、女性の人生は意味をもつようになる」ということになります。ヘスティアの火の浄化というのは自分自身の中心点に静かに立ち返ることを意味するのかもしれませんね。

浄化というと、もうひとつは錬金術ですよね。

*2　古代ギリシャでつくられた作者不詳の33篇の讃歌集である。ホメロスの名を冠しているがホメロスの著ではない。

図 3　錬金術の火

図 4　プロメテウスの火

錬金術というのは、浄化に次ぐ浄化をしていくプロセスなんです。それで、最初に起こることのひとつが焼却、燃やすことで、第一的な物質を炉にくべて、余計なものを全部燃やしてしまうという作業。これは火の象徴であるライオンが、蛇を食べているみたいなようすです(図3)。蛇を食べるっていうのは、穢《けが》れているものを火によって燃やし尽くして浄化することかもしれません。

占星術や錬金術のイメージで、火曜日を火星のプロセスだと考えると、火星というのはほんらい怒りや攻撃性なんですよね。抑圧して怒りを表現しないと、人間の心のプロセスとしては溜まるいっぽうです。怒りを溜めるのはよくないことで、セラピストはその器となるフラスコや、炉やかまどをつくる必要がある。人間が怒るためにはプロセス、枠組が必要で、コンテナが壊れちゃうとほんとうに破壊的になってしまう。そこで、どうやってそれをつくるかが大事だというんです。

✶ プロメテウスとケイロン

鏡 それから、もうひとつ、人類にとって「火」というとなんといっても技術の象徴でしょう？　火を人類に与えたのは、ギリシャ神話ではプロメテウスでこれはもう有名な話ですよね。

「プロメテウス」（図4）は、「プロ」が「前に」で、「メティス」が「知性」という意味で、「前もって知るもの」を意味する名前なんですね。いわゆる文化英雄ですね。神様ではないんですが、神の血を引いている巨人。ギリシャ神話によると、人類はそれまで牙もないし、毛もないし、走っても遅いし、裸の猿だった。それを可哀そうに思ったプロメテウスは、ゼウスの雷から、オリンポスの神々だけがもっていた火を盗み出し、人間に与えてしまった。それが人類の技術と文明の最初になるわけですよね。だから火を使える動物はいまのところ人間しかいない、と神話は語る。

それ以来、あらゆるテクノロジーが発達していくわけですけど、「なんということをしてくれたんだ」と、プロメテウスは罰せられ、コーカサスの崖に磔《はりつけ》にされて猛禽類にはらわたを食べられてしまう。でもプロメテウスは神の血を引いてもいるので、死ぬことができない。朝になると治ってしまい、永遠にその苦しみが続くけれど、最終的には救われる。

ここにつなげなければならないもうひとつの神話的存在があります。これがケイロン（カイロン）という名前のケンタウルス族のひとりです。ケンタウルスって、下半身が馬、上半身が人間の神話上の生き物ですよね。ケンタウルス族はたいがい、野蛮で荒くれものだったのですが、ケイロンだけは違った。ケイロンは優れた医師で教育者だったんです。でも、のちにプロメテウスと同じように永遠の苦しみを味わうことになる。

物語はこうです。あるとき、ヘラクレスがケンタウルス族の宴に加わる。最初は歓待されていたのですが、ヘラクレスがフォロスというケンタウルスのひとりに開けてはいけないとされていた酒を開けさせたためにみんな酔っぱらい、ヘラクレスに無作法を働くようになってしまった。そこでヘレクレスは怒って、喧嘩を始めてしまうんです。ケイロンはそこには加わっていなかったんですが、流れ弾《だま》というか、ヘラクレスが放った毒矢が誤って命中してしまい、深い傷を負います。どんな病や傷でも癒すことができたケイロンですが、妖獣ヒドラの体液からできたこの毒の傷だけは癒すことができませんでした。かといってケイロンの父は神クロノスでしたから、不死性をもっていて、死ぬこともできない。自分の傷だけは癒すことができない。このままほうっておけば、永遠に苦しみが続く。そこでケイロンは神々に頼んで自分の不死性を放棄し、天に昇り星座になる。これが射手座、あるいはケンタウルス座になったというふうにいわれています。

ここで話はプロメテウスとつながるんですが、プロメテウスは誰かが不死性を手放せば赦《ゆる》されると予言され、約束されていたんです。そこでケイロンが手放したので救われたという話があります。プロメテウスの痛みっていうのは、人類がテクノロジーをもってしまったがゆえの、原罪ですが、それは全能の医療技術への期待を放棄することで癒されるという興味深いつながりがあります。

なお、このケイロンは英語ではカイロンと発音されますが、このカイロンも小天体の名前になっていて、現代の占星術ではとても重視されているんですよ。というのも、ケイロン（カイロン）は、The Wounded Healer でしょう？ 傷ついた癒し手。自分のなかに痛みを抱え込んだまま、いや、痛みを抱え込んでいるからこそ、他者と共感して癒すこともできるという援助者の元型的イメージと重なるからなんです。健康的な人が病んだ人に一方的に介入して治療する、ということではない。

鶴岡　そうですね。そして、小惑星に女性の名前が与えられるという鏡さんのお話につなげれば、世界各地には火の守り神を女性とする伝統社会がありますね。

シベリアのアムール川、黒竜江にナナイ族という少数民族がおります。黒澤明監督[*3]の映画『デルス・ウザーラ』（1975年）の主人公の狩人もナナイ族です。その村を私が学術調査で訪ね

＊3　1910～98　映画監督。躍動的で重厚さに溢れた作品により、戦後映画の中心的存在と目され、内外の映画界に多大な影響を与えた。『羅生門』でヴェネチア映画祭グランプリ、『デルス・ウザーラ』でアカデミー外国語映画賞を受賞。

たとき、太鼓のリズムに乗せて、宗教儀礼であった物語を表現するダンス・パフォーマンスを村の人たちが披露してくれました。狩人が熊を獲りにゆき、大自然の精霊と出会う神話などが語られ踊られましたが、上演のあいだ、その背後にずっと火が焚かれていることに気づかされました。尋ねると「これは火の女神です」と答えられました。火の女神が、村の共同体という小宇宙で、炎を輝かせて暖めながら、人々を見守っているのです。

と同時に、火の女神は戒める役割もするのです。シベリアの神話には、火の女神を怒らせると災いがある、まして火を跨いで踏み越えたりしたらいけないという禁忌があります。共同体の守り神である火の女神は、人間が邪悪な心をもつと、警告を発するわけです。シベリアの神話には強烈な荒ぶる神としての火の女神が存在しているのですね。

人間が神々を怒らせたらどうなるかということを、ナナイ族をはじめシベリアの神話は明瞭に物語っています。シベリアには白樺があり、鮭が捕れ、熊や鹿がいて、自然崇拝、シャーマニズムの故郷といわれています。その人たちにとって火とは、人間が見つめられているもの、つまり「火は目だ」というのです。

アイヌの人たち、樺太の人たち、シベリアの人たちは民族的に一大兄弟です。「火の女神」をとても強いもの、荒ぶるもの、セイレーンのように警告を発する女神として畏敬してきたのです。私たちはそうした「炉」や「かまど」や「焚き火」の、「火」の聖性というものを忘れてしまっていますね。

鏡　「火」についてのアンビヴァレントな態度といえば、占星術の火星のイメージの変遷を思い起こさせますね。火は力だけれど、だから恐ろしい。いかに火を飼いならすか、ということが大事になってくるのでしょうね。占星術だと火星、「マルス」は戦いの神様で、いつも戦争をしています。マルス、ギリシャ神話の「アレス」はものすごい乱暴者で、ホメロスを読むと、ゼウスですら憎んでいると書かれている。ところが、ローマ神話のマルスになると、都市ローマの守護神になっている。さらに『ホメロスの諸神讃歌』では、火星と同一視されたアレスが「心の激しき怒りをば抑え、鎮めることを」祈る対象とされているんです。

「惑星の子供たち」の「火星」（図5）のマルスは真っ赤で、軍神そのもの。下のほうでは戦いがおこなわれている。星は火星の輝きを表します。マルスの下の円のなかは蠍と牡羊。12星座のうち7つの惑星は、太陽と月はそれぞれ1個ずつ、残りの5つの惑星は星座を2個ずつ担当するんです。牡羊座と蠍座の支配星は火星で、描かれる。火星の支配を表すためにたいてい描かれる。

鶴岡　じつに象徴的で、美しいはたらきをもつ、宇宙の摂理を表していますね。

鏡　どうやって火とおつきあいしていくか、っていうのが人類にとっては非常に大事なことなんですよね。

✴ 5月1日の太陽

鶴岡　ケルトの暦の話でもうひとつ進みますと、5月1日が夏の最初の日「ベルティィネ」です。これは、まさに火の日で、生命が燃え立つことを祈り、火の上を牛が渡る儀礼がおこなわれました。太陽は火。ヨーロッパではこの日から太陽の季節、夏の始まりとなるのです。

ベルティィネがおこなわれる5月1日は、いよいよ夏の第1日であり、いまでは「メイデー」として、全ヨーロッパで祝われる日ですけども、ケルトの神話や伝説では5月1日のイヴの夜に、馬小屋でプリンスが生まれるのです。キリストも、私たちの聖徳太子、厩戸皇子も馬小屋で生まれるわけですけど、ケルトのウェールズのプリンス、プリデリも馬小屋のそばで生まれたのでした。

すなわち馬は絶大なパワーをもつ、太陽の化身であり、馬と結びつく貴人は、光であり真理であるゆえに、必ずや4月30日に生まれなければならないのです。なぜならその貴人はベルティィネの祝日にすべての太陽の恵みを受け、太陽のように輝き爆発して、自分から光や熱というエネルギーを発するからです。

ベルティィネのイヴに彼らプリンスが生まれ、5月1日になると夏の太陽が輝きだすのです。ベルティィネ、メイデーには「生命の木 Tree of Life」を村の広場に立てて、太陽のエネルギーを寿《こと》ぎ、飾られた五彩のリボンをもって、村人たちが木の周りをぐるぐる回る。私はこの儀礼は、木馬に跨がって中心のポールの周りを回る「メリーゴーラウンド」の起源ではないかと思っています。一般に、太陽の経巡りの最高潮は、ミッドサマー、6月22日といわれますが、太陽の夏の輝きのスタートは5月の1日から。馬＝太陽の象徴が主役となる、メリーゴーラウンドという遊具が、ケルトのベルティネ祭起源かもしれないという仮説は、自分でもおもしろいと思っています。

いまから2000年ほど前、古代フランスのガリアで、ローマ人とケルト人が文化的に融合するわけですけど、そこには「馬崇拝」がありました。「エポナ」というケルトの馬の女神がおりまして、「エポ」というのはインド＝ヨーロッパ語由来で馬のことです。大陸で馬の女神エポナにかかわる碑文や彫像は、碑文だけでも200以上出土していて、ガリア（ケルト）人、ガロ＝ローマ人が、いかにこの馬の女神を崇拝したかがわかっています。しかもそれがローヌ川、セーヌ川、ガロンヌ川などの河岸や渓谷から出ている。馬の女神は、騎馬での戦いよりも、豊穣のシンボルなのです。

ケルト語と古代インドの言葉サンスクリット語は、ともにインド＝ヨーロッパ語族で兄弟です。ですから古代インドのヒンドゥー教における馬への崇拝と、その変容である馬頭観音*4と、馬の傍で生まれるプリンスのケルト神話は、「馬と太陽」のシンボリズムにおいて一連でつながっていると思います。日本では、馬頭観音は、馬を牽く人たちのため辻々に立ち、旅の安全を祈願する石仏と考えられていますが、その起源にあるインド＝ヨーロッパ語族の世界では、馬は「太陽の化身」として信仰されました。同じようにデンマークの国立博物館には、3000年ほど前の「太陽を牽く馬」の像が所蔵されており、馬が太陽の化身であるという信仰が、インド＝ヨーロッパ語族の世界の東西に共通してあることがわかります。

馬は、沈んだ太陽を、毎夜その馬力で、天に牽き上げると考えられました。「馬力」とは、太陽を運ぶ絶大なパワーを指しており、馬自体が、最高に火を噴くパワーのある存在であると考えられたのです。そして馬頭観音の光背にはメラメラと燃える火がありますね。顔も真っ赤で、火炎光背も真っ赤で、全身が燃えている（図6）。

鏡 スカーレットですね。それに観音様っていうから穏やかな感じだと思ったら憤怒相なんですね。

鶴岡 まさに5月1日の太陽です。ヨーロッパの人々は、メイデーになると歓喜し、次の月に来る夏至に向けてみなほんとうに心身が解放される。夏至には伝統的なキリスト教のご法度を

＊4　六観音のひとつ。馬が濁水を飲み尽くし、雑草を食い尽くすように、衆生の煩悩を断つとされる。頭上に馬頭を載せるのが特徴。

図 5　惑星の子供たち「火星」

図 6　馬頭観音像

くぐり抜けて、恋人たちは森にゆく。その出発の日が5月1日で、命に点火がなされる。そして太陽が最も長く天空に輝く夏の日に向かうのです。

鏡　ミッドサマーナイトですよね。夏至になると、そこから太陽が弱ってしまいますからね。

鶴岡　シェークスピアの『真夏の夜の夢』も、5月1日の前夜、イヴに、アテネ郊外の森のなかで起こった出来事という設定なんですね。つまり、ベルティネを寿ぐ戯曲として彼は書いたといえます。

「太陽の化身」の馬といえば、ボストン美術館は日本の仏画をたくさん所蔵していて、その里帰り展が上野の東京国立博物館などでありました。そのとき展示された仏画の馬頭観音のひとつでは、頭部に馬の顔を戴いている平安時代の作例があり印象的でした。まさにそれはヒンドゥーの思想である、「馬」＝「火炎」の観念を表現しているものでした。

鏡　それこそ諸星大二郎[*5]さんの『暗黒神話』に出てきますよね。

鶴岡　中国でもヨーロッパでも、ファンタジー映画やアニメで竜の頭の部分を造形的につくると、馬に似る場合がありますよね。麒麟も。火は竜や馬につながる。種馬の最高の生殖力はインドでも崇敬されました。人間は死んでしまうけれども、馬は走り続け、時間を超えて飛んでゆくというイメージを古代インド人たちはもっており、『リグ・ヴェーダ』に記しました。

鏡　火そのものは男性を表していて、水はよく女性で表されますものね。

火星は伝統的に、戦いと流血と火事を表す悪い星なんですけど、いっぽうで勇気や強さ、正義を表すという両面をもっているんです。実際の占星術だと、自分のなかの火星をどう使うかというのがすごく大事なんです。もちろん性的なエネルギーとも結びついていますから、どういうふうに折り合いをつけていくかが、人生でも大きな課題になるわけですね。

フランク・ロイド・ライトと炉の火

鶴岡　20世紀を代表するアメリカの建築家、フランク・ロイド・ライト[*6]は有機的建築、オーガニック・アーキテクチャーの思想を打ち立てました。彼の「プレイリー・スタイル（草原様式）」といわれたものは、原初の人間たちが洞窟や大地にテントを張って、その居住空間の中心に

＊5　1949〜　漫画家。「生物都市」で手塚賞。『孔子暗黒伝』、『西遊妖猿伝』（手塚治虫文化賞）など、異色の怪奇・SF作品で注目される。『暗黒神話』は古代史をモチーフにした代表作。

＊6　1867〜1959　アメリカの建築家。現代建築の機能重視の傾向に対し、建築材料と環境を重視し、日本の近代建築にも大きな影響を与える。作品に「自由学園」「帝国ホテル」「カウフマン邸（落水荘）」「グッゲンハイム美術館」ほか。

「炉」をつくり生活した、そのスタイルを草原のなかに建つ家の平面プランによって表現した。高さを低くとり、屋根の勾配も浅くして、気持ちのよい水平感を建築にもたらしました。そのシンプルな住空間のなかに、暖かな「炉」「火」の場所が置かれている。茶の湯の「炉を切る」ことをも連想させますね。帝国ホテルのライト館を設計するプロセスにもやはり、このプレイリー・スタイルがあったように思えます。

ライトの一族はウェールズの人でした。ウェールズというケルト文化の伝統をライトはきわめて強く意識していました。ケルト神話の詩人の名前に基づいて、自分のレジデンス兼アトリエの名を「タリアセン」にしたほどです。それはアメリカのウィスコンシン州にある、今日「タリアセン3」(図7)と呼ばれている建築です。草原の丘みたいな風景のなかに建ち、そこには世界中の建築家が詣でています。

彼の『自伝』を読むと、ウェールズ系で移民だった、祖父や叔父の影響が強かったようです。少年の彼が手を引かれて丘に登っていくとき、うしろをふと振り返ると、叔父の顔が「輝く顔《かんばせ》」であったと書いているんです。つまり神話のなかの詩人を髣髴《ほうふつ》とさせる、「火」のように輝く顔をしていたと。こうした叔父や両親からの影響があり、ライトは光と影を演出する、照明のタリアセン・シリーズも生んだのではないかと思われます。

ライトの生涯は平穏ではなく、そのタリアセンの館で、パートナーを殺されたり、ボヤが起こったり二度の不幸にみまわれましたが、それを乗り越えて、そのたびごとに「タリアセン」の館を再生させた。二度復活したから今日のタリアセンは「3」と呼ばれているわけです。
　ライトはその建築とともに、悲劇的な経験を乗り越えてきたのです。

鏡　暴力と火事、両方ともまさに占星術でいえば火星の象徴です。うーん、占星術家としてはここでライトの出生ホロスコープを見てみたいですよね。ちょっと待ってくださいね、たぶんネットで調べることができると思いますから……ありました！　アストロデータバンクという出生データを集めたすごいサイトがあるんですが、ちゃんとデータがあげられていました（図8）。
　フランク・ロイド・ライトの結果は、誕生したのが1867年6月8日で、時間が17時。生まれたのがウィスコンシン州リッチモンド。♂のマークが火星なんですけど、それが天頂にあるので、まさにいちばん高いところに火の星が昇っているときなんですね。

鶴岡　火星の力がすごく強いっていうことですね。

鏡　そうです。双子座の生まれではあるけれども、火星のもとで産まれたっていう。東の地平から上昇している星座は蠍座で、その支配星はやはり火星。

鶴岡　やっぱりライトは、火の人なのですね。すごくこだわりが強い人ですから。

鏡　火星だけじゃなくて、「Tスクエア」といって金星と冥王星が西の地平線（ディセンダント）にいって、東の地平線から土星が上がってくるときなんです。真ん中にはちょうど火星があって、T字型になる。すごく複雑かつ強力なホロスコープで、滅茶苦茶激しいですね（図9）。

鶴岡　恋愛もすごく情熱的な人だったということもわかりますか？

鏡　金星と冥王星がディセンダントになっているので、独占欲が強いし、嫉妬心も強い。でも、占星術的には、霊肉合わせた強いパッションを感じさせます。

鶴岡　そうかもしれませんね。

　でもライト本人は、その星の運勢のことを知らなかったのでしょう。奥さんが殺されても、ボヤが起きても、そこを動かなかったというのは、タリアセンという神話的な名づけにおいて、自分は屈しないという信念を最後までもっていたのでしょう。それは「輝く顔《かんばせ》」、「輝く眉」という意味で、太陽のように輝き続けるということです。

鏡　太陽は獅子座の支配星で、火星が獅子座なんですよね。火星は「顔」を表す牡羊座の支配星でもありますから、まさに「輝く顔《かんばせ》」です。

鶴岡　そういえばライトは、古代ケルトのシャーマンであった「ドルイド」に興味を寄せていたのです。ドルイドの「ドル」は「樫の木（ミズナラ）」のことで、『自伝』のなかで、自分の暮らした土地には樫の木があった、と写真まで載せていますし、まさにドルイドのことについて記してもいます。祖父と同様、晩年には自分はドルイドだと思っていたかもしれない。それは

図7　フランク・ロイド・ライト設計「タリアセン 3」

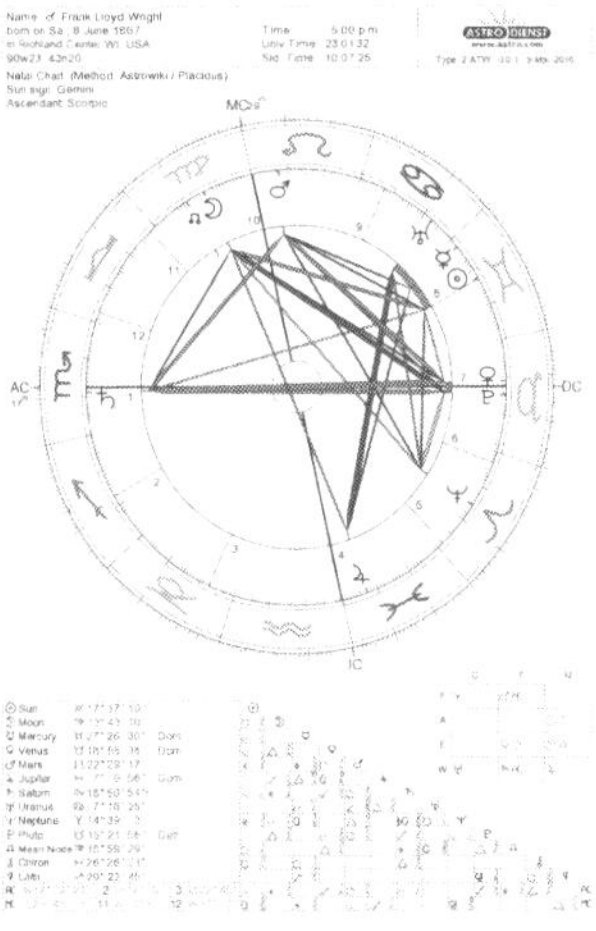

図9　ライトのホロスコープ

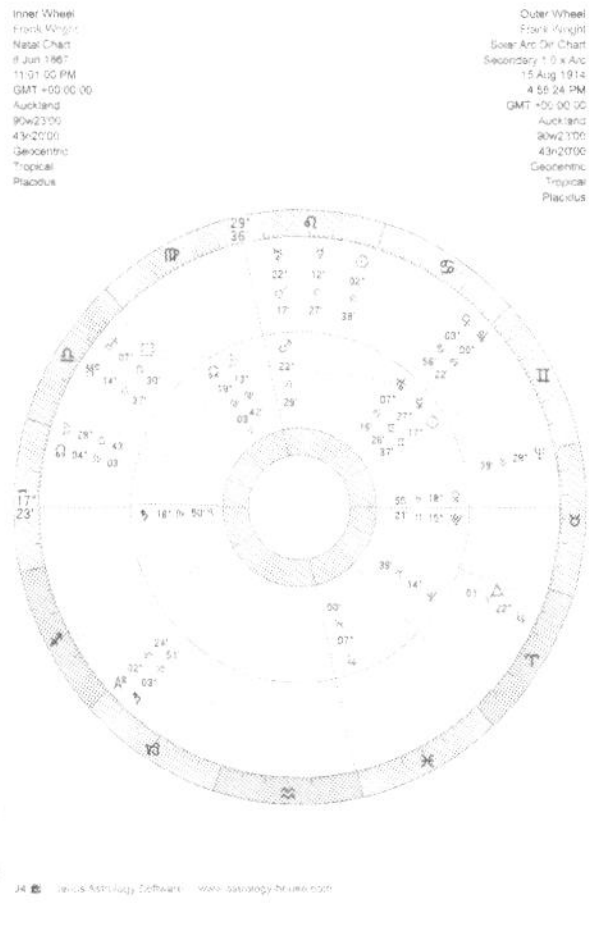

図8　ライトの出生ホロスコープと
事件の日のホロスコープの比較

彼の祖先の、ウェールズのケルト文化復興運動から霊感を受けていたことがわかりますが、自然の神秘を直観で把握して建築のデザインにどんどん生かしていく、そうしたインスパイアをドルイドというシンボリックな存在に託してみていたということかもしれませんね。そのように考えると、アイルランドの炉の女神ブリギッドのことも、知っていたのではないでしょうか。家の中心に「炉」があるライトの思想。それは火を司る女神を想うことに通じますね。

鏡 91歳まで生きているんですね。3回結婚して、子供が7人いるとか。女性ばかりの生涯のパッションだったけども、でもそれは奥さんだけではないと (Astrodatabank, Wright, Frank Lloyd, accessed 18 June 16)。

鶴岡 男性としても旺盛だったのでしょう。いろいろな人に惹かれたのでしょうね。帝国ホテルのライト館を計画しているときも、愛する人と来日しています。

鏡 1914年8月、タリアセンで精神錯乱をおこした使用人が斧で次々に人を襲撃し、結果、7名がメッタ斬りにされて殺害されます。火災も起こってリヴィングが全焼し、そこで愛人も殺されてしまうということでしたよね、伝記によると。

鶴岡 それはライトの最大の不運でした。よく乗り越えましたね。

鏡 占星術家の妄想と思って聞いていただきたいんですけれど、ホロスコープで、第7、西の地平線というのがパートナーなんです。金星がいるからこれはもう確実に女性なんです。それが火星と悪い角度をとって、ハードに効いているのと、冥王星という死の星がそばにある。昔の占星術だったら絵に描いたように、パートナーが死ぬとか、奥さんに殺されるとかいうかもしれない。そういう運命と戦いながら生きてきたと。ちなみに、やや専門的にはなりますが、この事件の日までホロスコープの天体を進めていくと、先ほどのプロメテウスの星である天王星が火星と見事なまでに角度関係をとるんですよ。もちろん、偶然の一致ではありますが、占星術家としては不気味なものを感じます。

鶴岡　そうですね。彼はたんなるモダニズム建築の巨匠ではない。最晩年までライトは戦い続けた。そして何度も復活したのです。それを支えたのが、炎のように「輝く顔《かんばせ》」をしたケルトの神であった。その神の名は彼の館の名として、アメリカの大地に永遠に刻まれています。

水

水曜日　水星

知性の星である水星に守護されたあなたは好奇心旺盛でさまざまなことにアンテナを張っている人。流行にも敏感です。コミュニケーション能力にもすぐれユーモアのセンスも。ただ、ちょっと飽きっぽさもあるかも。

✴ 水と無意識、水と女性

鏡　この企画では、曜日のもとになった天体のイメージにそってお話しするということでしょう？　でも水曜日と水を結びつけるのが最も難題なんです。というのは、惑星の水星って占星術上では、翼をつけたサンダルで空を飛ぶマーキュリー。これは、水とかなり遠いイメージで、むしろ風の世界なんですね（図1）。だから、火の話の続きということで、いったん、占星術の「水星」（マーキュリー）は忘れて、自然の元素としての水に寄せていこうと思います。水と聞いて僕が真っ先に連想するのは、すべてのものが水から産まれてくるという。

胎児は水のなかにいますが、ユング心理学では海や水は無意識の象徴なんです（図2）。単純化を恐れずいうと、フロイトは意識が最初にあって、それが抑圧したものが無意識になってくると考えますが、ユング心理学は、もともと意識と無意識は分離してない状態、ノーボーダーで、そこからだんだん意識がディフェレンシエート（分化）される。ちょうど海から島が出てくるみたいだというんです。生命力の根源は水のほうに、無意識の側にあると考えるんですね。だけど個別性を得るため、個になるためには、そこから離れないといけない。胎児の状態のままだとお母さんと一体、お母さんが世界そのもので分かれていない。そこから分かれていくんですけど、個になりすぎると、宇宙の根源的な存在から疎外されて、切り離されてしまう。

そこで、夜眠るとか、死んで生まれ変わるとか、ときどき水のなかに境界線を溶解して戻らないといけないんです。そのためには集合的なかに、サイクリックに戻らないといけないというふうにユング心理学では考えているんですね。

錬金術では火が燃焼、「カルティオ」だとすると、水は「ソルティオ」「solution」、つまり「溶ける」という形でイメージされます。王様が溺れているとか(図3)、王と王妃が水盤のなかに入っていくとか、そういうふうに描かれるんです。物事が変容するためには固体性をいちど手放さないといけない、溶けることが必要なんだということですね。

ユング派の人たちによると、これは眠りの象徴だったり、場合によっては自我を手放すことなので、ある意味狂気の世界に近いんです。ディオニュソスの世界に入っていくことだし、自他エクスタシーというんですけど、自我の境界が消えていく世界。それは、ものすごく美しい陶酔の世界でもあるけど、いっぽうで日常性や理性を危うく手放すことでもある。水はそういうイメージかなと思っています。水の世界の美しい誘惑者として、たとえば人魚というものがあるわけですよね。

これはイギリス、コーンウォールのゼノア村の人魚が通っていたといわれている教会で、去年訪ねてきたんです。教会なのに、「ここに人魚が座っていました」という彫刻が残っているんですよ(図4)。もともと人間だと思われていなかったらしくて、鏡をもった「アフロディーテ」じゃないかといわれている（ただしアフロディーテだと金星の女神なんですけど）。

日曜日のミサになると、どこからともなく美しい女性が通ってきて、とても美しい歌を歌っていた。ところが、その村でいちばん歌がうまい男の子と恋愛をしたらしく、ふたりで忽然と姿を消してしまった。それからしばらく経って、漁師さんが海で網を打っているとなにかが引っかかった。たぐっていくと女性が出てきて、「うちの家に引っかかってるからやめて」と言うので、網を外したら消えていった。その謎の女性は人魚に違いない。男の子はたぶんそこに連れて行かれたんだろうという伝説なんです。

日本の民俗にもありそうな話で、かぐや姫じゃないですけど、他界と行ったり来たりする。イギリスではすごく有名な伝説らしくて、観光資源のひとつになっているんです。

鶴岡　水は「異界」であるということと、「女性的なもの」とつながっていること。それは、まさにヨーロッパの基層文化に横たわってきたものですね。

ジャン・コクトー[*1]の映画『オルフェ』のように、水がゆらゆら揺れていて、あちらの世界とこちらの世界、此方と彼方、自然界と人間界の境界を超えていく。水の力ですね。そして、そうした生と死を行き来できる能力があるのは、制度を司る男性ではなく、女性や母性であると考えられてきた。ケルト人をはじめとして古代のヨーロッパでも「川は女神」であり、「水界を司る女性的なもの」への畏敬を大切に守ってきました。

図 1　水星の神

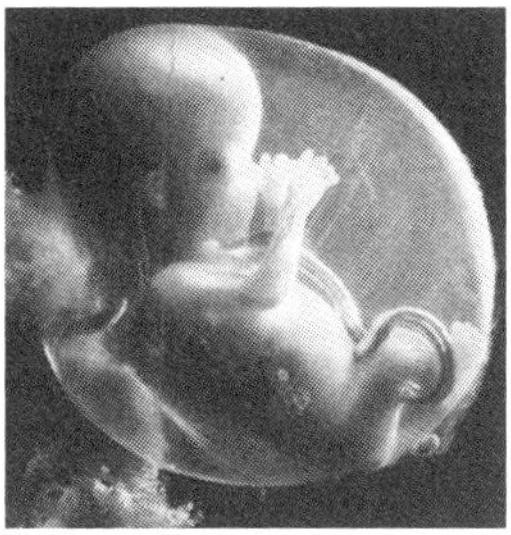

図 2　羊水と胎児

図 3　錬金術の水

パリを流れるセーヌ川の名前は、「聖なる川」というケルト語を語源とし、女神「セクアナ」の川として敬われてきました。セーヌがセクアナの川だったことを証明する奉納物が、1960年代にその水源から大量に発見されたのです。日本の円空仏のように、人間の全身や、病んでいる手足、目などを木で象ったものを、水源に奉納して治癒を祈る風習がありました。その大規模な巡礼が、ケルト世界のみならずローマ人をも巻き込んで、ガロ＝ローマ社会全体の聖地となったのです。

そしてフランスには、セーヌ源流のほか、もうひとつの重要な水の聖地があります。中部のオーヴェルニュ地方といえばチーズなど酪農で有名で、その都クレルモン＝フェランの「シャマリエールの泉」からも、1万点ともいわれる奉納物などが出土しました（図5）。2000年前のガロ＝ローマ時代の、貴婦人像や騎士像もありますが、そのほとんどは人間の手足を象った奉納物です。病める人間の部位を、泉に奉納し、水による治癒を祈ったのですね。火で焼いても、土に戻しても、治らない難病を、泉の精霊に祈りました。奉納の像は、闇の中に浮かび

＊1　1889～1963　フランスの芸術家。詩人、小説家、劇作家、評論家、画家、映画監督、脚本家としても活動した。『恐るべき子供たち』『オルフェ』『美女と野獣』など、自作を映画化した作品も多い。

図５　シャマリエールの泉の奉納物

図６　ヴォルヴィック社の商標
「ピュイ・ド・ドームの山」

図４　コーンウォールの人魚

上がる光のように、クレルモン＝フェランの考古学博物館に再現されていて、とても印象深いです。

水の聖地を旅する

鶴岡　ところで、さらに、このクレルモン＝フェランは、「ミシュラン」の創業地でもありますね。世界的に有名なタイヤ・メーカーにして、世界のグルメ・レストランのランキングをする会社。キーワードは「水」と「道」。グルメのランキング査定もそもそもは、どんなすてきなレストランに行くのがよいか、車＝タイヤでのツーリズムの事業から発展したものです。タイヤをつくるには、きれいな大量の「水」が必要なわけで、水の聖地で創業したのも偶然ではありません。

この地にも古代にケルト人がいて、のちにローマ人が入ってきた休火山地帯です。富士山の水が火山帯の地質のおかげで美味しいように、ケルトの泉であるシャマリエールを含むオーヴェルニュ地方の水は、今日「ヴォルヴィック」のペットボトルで売り出されるようになった優れた水で、ヴォルヴィックとは鉱水が湧く石の名称なのです（図6）。「ミシュラン」と「ヴォルヴィック」がここで創業した事実は、古代のガリアの水の聖地と、近代の産業が深くつながっているということを物語っていますね。

鏡 聖地って水にまつわるところが多いですよね。ルルドもそうだし、イギリスの聖地グラストンベリーはもちろん、京都の貴船もそうですしね。やっぱり水のあるところじゃないと人が集まれないし、聖地にならないということですよね。

鶴岡 そうですね。そして水は文明のコンテクストもつくってきましたね。ケルト人はアルプスから流れ出す水系の河川を縦横につないで交易で活躍しました。イタリア半島からローマ人がやってくると、今度はその水の道が、ローマ人の街道、陸の道になりました。ミシュランは、近代の車輪、タイヤの文化を発展させてきたわけですが、ケルト文化の水の聖地と、水界のネットワークの上に誕生したといえます。「近代の産業」の背景に「古代の信仰」があった。「現代のツーリズム」と「古代の水界への巡礼」がつながっていたと考えると、新たな発見がありますね。ケルトとローマはアルプスを越えてつながり、フランスとスペインはピレネーを越えてつながりましたが、古代の水の道である河川のネットワークがその土台にあったわけです。

鏡 工場があるってことは大量の水が絶対に必要ですよね。

鶴岡 近現代に世界に広がった「ミシュラン」タイヤと「ヴォルヴィック」の水のどちらも

が、オーベルニュ地方産なのは、不思議ではなく、お話ししてきたように、ここはフランスの中央山塊の地形で「ピュイ・ド・ドーム」という休火山があり、富士山同様、水質が最高なのです。頂上にはケルトを2000年前に制圧したローマ時代の神殿があります。

　つまりオーヴェルニュのクレルモン＝フェランはカエサルと最後まで戦ったウェルキンゲトリクス生誕の地で、町の広場に彫像も立っています。世界史に名高いガリア、古代フランスのプリンスです。

　クレルモン＝フェランを旅していますと、このように近現代にできたツーリズムが、古代の層から折り重なっているのがわかって、本当におもしろいですね。『ミシュラン・グリーン』は、現代のタイヤ、自動車を交通手段とするガイドブックですけども、もとをたどれば「水の聖地への巡礼」の手引から発祥していると考えられます。「聖なる街道を行く」っていうことですよね。ガリア（ケルト）人にとって水界、川は聖なる流れにして交易のサーキットでした。フランスは2000年前に、イタリア・ローマから侵入したカエサルに負けたけれど、ケルトの信仰の道と、ローマの現実拡大の道という両文明が融合し、それが功を奏していまのフランスとイタリアが南北ヨーロッパをつないでいる。それはことごとく「ヘルメス的」なんですよ。ヘルメスは、あらゆる移動を司る、旅と商業の神ですからね。

鏡　ああ!!　ここでやっと水と水星がリンクしますね。先にも述べたように、占星術の水星は風のイメージです。
風と水はほんとうに正反対で、風は乾いているし、水は湿っている。風は客観的でクールなので、エモーショナルな状態の水のイメージとは結びつかない。水は月が支配していると考えられるので、どうやって結びつけようと思っていたら、川＝ヘルメスとして鶴岡さんがつなぎ合わせてくださった。ヘルメスはローマではマーキュリーですから。

鶴岡　「風」と「ヘルメス」といえば、ヘルメスは亡くなった人の霊魂を運びますね。

鏡　サイコポンプ、つまり魂の導師として知られています。

鶴岡　霊魂を移動させ、昇華させる役目をする。
死して人間は、魂の移動の旅に出る。霊魂への思いとともに、古代フランスのガリア人は、さかんに彫刻に表して拝みました。ヘルメスは「メルクリウス(マーキュリー)」。その神は、カエサルがガリアを征服したときに、ガリア人、つまりケルト人のあいだにも定着して、ブロンズや石で像をつくるようになり、「豊穣の神」としても崇めるようになりました。メルクリウスがサンタクロースのごとく、豊かな穀物などを入れた大きな頭陀袋をもって、農耕もしたガリア人にとって親しい雌鶏や亀とともにいる姿の「豊穣神」に変容していったわけです。

✴ 温泉・浄化・洗礼

鶴岡　ケルト文化では、川は「女神」であると考えました。母なるものが、水であり、命を与えるものであるからです。そのいっぽうで水は、生命付与と同時に、それを司り奪いもする。セーヌ川の源流の洞窟の暗がりをのぞくと、そこにはそうした両面をもつ「大地母神」の恐ろしさみたいなものが生きていることが実感されます。ケルトの人々は、川の源流や泉や井戸は、「生と死の淵」であるとして畏敬していたことは明らかですね。「お風呂＝バス」の語源ともなったイングランド南部のバース（Bath）や、バーデン＝バーデンなどドイツ語の地名でたくさん残っているバート（Bad）でわかるように。ケルト人は源泉を信仰し、後から来たローマ人が大浴場の施設を建てていった。南ドイツのバーデン＝バーデンなどは、近代にカジノもある保養施設となりますが、それはケルト時代、ローマ時代からの温泉の上に成り立っているのです。

鏡　『テルマエ・ロマエ』*2として最近、人気。

鶴岡　そうですね。ローマ人が来てからは、皇帝が「神」として崇められますけれども、ケルトの泉や川や温泉は「女神」であり続け、名前が河川名や碑文で残っている。

鏡　イギリスの世界遺産「ローマン・バス」には女神「ミネルヴァ」を祀っていますものね。

鶴岡　そうですね。いろいろな女神がいて、若い男の神とペアになる。「マトロナ（母神）とマポノス（息子・若さの神）」など。泉や温泉のペアがあるわけです。
鏡　湧き出す水の生命力。
鶴岡　ヨーロッパには日本に劣らない、水の地下世界にたいする想像力があり、いまお話ししてきたガリアのセーヌ川やシャマリエールの泉などの、「水界への巡礼」がおこなわれました。女性の巡礼もおこなわれ、アンチ・エイジングではなく自然治癒を祈りました。オーストリアのウィーンにはシェーンブルン宮殿があるように、ドイツ語の「シェーンブルン」とは「美しき泉」の意味で、そこにもケルト時代からの泉があったようです。
　こうした泉や井戸は、必ずや生命の根源と死の世界にまで通じている。つまりアーサー王が渡っていった「アヴァロン」や、日本の「弁財天」がいる弁天島もすべて、「水の世界」を渡っていくと、よき異界に到達できる、という篤い信仰が共通していると思えますね。
鏡　日本は水が豊かすぎると思うんですよ。それこそ湯水のごとくというように。ヨーロッパでは日本に比べて水がずっと貴重です。ビールやワインのほうが安いなんてこともあるでしょ

＊2　古代ローマ時代の浴場と、現代日本の風呂をテーマとしたヤマザキマリによるコメディ漫画。

う？　硬水だし、真水に対してはとても思い入れが強いんじゃないですか？　ユニコーン（一角獣）にしたって、あの角は水を浄化するんですよ。

鶴岡　貴重であるのと同時に、ライン川、ドナウ川、セーヌ川、ローヌ川、ガロンヌ川……川のネットワークは命綱で、ヨーロッパの都市の発達に深くかかわってきました。日本の能楽では橋懸りを通って向こうの世界と往来するごとく、パリもボルドーもハンブルクも川のある街、河口の都は、内外をつなぐ重要な役割をしてきました。アントワープはブリューゲルの名画「バベルの塔」のモデルにもなりましたし、ノルウェーのベルゲンは川の懐が深いフィヨルドの入り口、母なる港でした。川を崇め、またそこを旅すること。江戸の隅田川、浅草寺詣でもそうだった。それは、祝福され、ご利益が得られる。ケルト人は渡河するとき、コインを投げて川の女神に安全を祈願したのでした。

鏡　トレヴィの泉の風習もそこからでしょうか？

鶴岡　そうですね。水のあるところは「清めの場所」でもありましたね。キリスト教の新約聖書では、洗礼者ヨハネの立ち会いのもと、キリストがヨルダン川で身を清めました。イスラーム教でもモスクの入り口には、清めのための水や水道が用意されていて、厳粛な気持ちでゲタのような履物を履いて、水で手足を洗うのですね。

それは水による儀礼ですね。古来人間は、川や池など、水を渡らないと「聖なるもの」にタッチできないということを、直観で知っていた。逆にいえば聖なるものには直接は接触できないということを、知っていた。ですから社寺の境内の装置である「橋」のように、わざわざそれを介して「水を渡る」「境界を渡る」、「聖なるクロッシング」を儀礼においておこなってきましたね。先ほどの能楽の橋懸りの装置も、観客にとってそれですね。
ヨルダン川でキリストが経験した洗礼を、今日まで何世紀にもわたって世俗の人間が追体験させてもらっている。「洗礼 baptism」を受けるということがすなわちクリスチャンになることなのですから、水の聖性は深いですね。

鏡 浄化すると同時に、羊水の中にもういちど入って、生まれなおすというイメージも感じます。

鶴岡 日本の修験道でも滝に打たれる。世界中に「清めの水」は普遍的にありますね。

鏡 魔術の世界でも洗礼みたいなことをやりますね。アリスタ・クローリーの流れに連なる人たちは、イニシエーションのときにほんとうに裸になる。クローリーは江ノ島弁天にも参拝していたらしいです。

鶴岡 スコットランドのネッシーみたいに、湖からちらっと姿を見せるものもある。このロッホ・ネスの生き物は、現代のやらせではないかという写真はともかく、はるか昔の中世6世紀にケルトの聖人コルンバが水界の生き物と出会ったと伝えられています。

鏡　あそこはそういう場所なんですか？

鶴岡　そうですね。スコットランドの「ロッホ」は、北欧と同じく氷河に削り取られたフィヨルドの奥深い渓谷の湖です。スコットランドのモルト・ウイスキーは、水と、特別の土の賜物《たまもの》ですね。

鏡　ピートですね。

鶴岡　そう、ピート、泥炭は、野草や水生植物が炭化したもので、ピートを燃やしその煙で麦芽を乾燥させる、モルト・ウイスキーはスモーキーな薫りがすばらしいですね。

鏡　土が違う、水が違う。

鶴岡　じつに違う。「ウイスキー」の語源はそもそもゲール（ケルト）語で「命の水」を意味する「イシュケ・バー　uisge beatha」ですから。人間を元気にする薬でもあったのですね。ウォッカもそうで、それを身体に塗ると熱が下がるのです。

鏡　ウォッカにもそういう効果があるんですか？

鶴岡　そうですね。消毒し、熱を発散させる。おまじないかと思いきや、科学的ですね。

私は実際、中央アジアのタジキスタンの調査行で、39度のすごい発熱を起こしたとき、女性の通訳兼コーディネイターの方が、やおら服を脱ぎなさいと言って、全身にウォッカを塗ってくださり、よくなった経験があります。ウイスキーも、もともと身体を温め、癒しの液体だったことでしょう。スピリッツ、つまり妙薬ですね。

渦巻く水をのぞきこむ

鏡 セーヌの水源から出土したものはどこの美術館にあるんですか？

鶴岡 パリから東へ行った、ブルゴーニュ地方の都ディジョンの考古学博物館です。

鏡 マスタードで有名なあのディジョン！

鶴岡 マスタードもブルゴーニュで、ワインも、豊かなところですね。セーヌの水源はそのブルゴーニュ地方にあるわけです。19世紀後半ナポレオン3世は、古代のローマ、イタリアに対するリヴェンジの気持ちから、フランスは「ガリア魂」をもつ強い国民国家であるとして邁進していったとき、セーヌ川をケルト、ガリアの聖地として特別の場所とする政策を打ち出し、女神「セクアナ」に見立てたウージェニー后妃の彫像をセーヌの源流のひとつに建てたのです（図7）。今日まで村人にもパリ市民にも、セーヌ川への信仰が脈々と受け継がれているゆえんです。

だから、セーヌの水源に「光を観に行こう、病気治癒を祈りに行こう」という「巡礼」は、闇のこの世にあって「光を観に行く」といういとなみの典型です。お話ししてきたクレルモン＝フェランには大聖堂があり、その近くにミシュランのショップがあり、広場にウェルキンゲトリクス像があり、泉の跡があり、奉納物を展示する博物館もある。観光の原点は巡礼の旅なのだと思わせられます。パリだけでは見えてこないケルト文化が、フランスを旅するとそここに現れるのです。

鏡　こちらはツーリストとしては行きにくいんですか？

鶴岡　リヨンまではＴＧＶや飛行機がありますが、クレルモン＝フェランはそこから１４０キロぐらい真西で、大きな幹線沿いではないですけれどフランスのど真ん中、鉄道で乗り継いでいけます。フランス人はまさに『ミシュラン・ガイド』を持って、多くの人はオートモービルで観光をしますね。パリやロワール川のきれいなお城と比べると、クレルモン＝フェランの大聖堂の石は赤茶色で、まさに火の国みたいな感じがします。ある意味でほんとうに無骨なガリア的でワイルドで、小洒落ていないマッチョなフランスの側面を表していて、火山、ヴォルケーノの恵みの水と火の大地との関係を示しています。

水の聖地には必ず火がある。鏡さんのいう火、火星。水と火の対立というよりは隣接し、つねに関係しているということですね。

鏡　京都でも水の神を祀る貴船神社と、火祭りがおこなわれる鞍馬寺[*3]が隣り合っていますもん

図７　后妃をモデルとした「セクアナ」の彫像

図８　レオナルド・ダ・ヴィンチ「大洪水図」

ね。

　占星術や錬金術では、火の記号は上向きの三角形なんです。それにたいして、水の記号は下向きの三角形で、合わせるとヘキサグラム（✡）になる。だからダヴィデの星は水と火の融合を表しているんです。文明というのもそれこそこのふたつで成り立ってますもんね。原発にしてもお湯を沸かしているわけです。水と熱（火）でやっているだけだから、蒸気機関がいまだにエネルギーの変換を担っているんですよね。

鶴岡　レオナルド・ダ・ヴィンチ*4が描いた水も、忘れるわけにはいかないですね。

「モナ・リザ」という名画にも、ドロミテ・アルプスを模したような峨々たる山々と湖が背景に描かれていて、河が蛇行して、画面の下のほうまで流れてくる。モナリザの向かって右肩の背後には石橋があって、人が渡っているところまで描かれている。この名画は実在する女性、イザベラ・デステの肖像画と推測されているとともに、近代の風景画の第1号といわれ、「水」に関係している。モナリザは下半身が「水蛇」なのではないかともいわれました。微笑をたたえるその唇をテオフィル・ゴーティエ*5たちが、人間を超えた、謎めいたなにものかであると称したように、からかうような冷笑は背後の水と結びつく蛇のようでもあります。

　たしかにレオナルドは手記のなかで、「水は自然の御者」だと言っています。流れや水の渦巻く塊は、内と外とのあいだに起こる不断の回帰によってつながりつつ、ぐるぐる回っていると。鏡さんがおっしゃったように、溶解solution、異質なものどうしが溶け合って渦巻く。日本では紀貫之[*6]が『土佐日記』で、京へ戻る船旅で遭遇した「阿波の鳴門」を生き生きと綴っていますが、レオナルドも至高の水のうごめきを見つめ、彼の絵と鏡文字も、水が渦巻くごとく、湧き出るごとく綴られている。

そして、レオナルドが、ダイナミックに渦巻く水そのものを表した作品が「洪水図」ですね（図8）。フィレンツェのアルノ川の氾濫を食い止めようとした土木家でもあったレオナルドは、逆巻く水を緻密に観察した人でした。「洪水図」のこのスパイラル状の水の動き。それについて、現代の流水力学の専門家にお聞きしたところ、これは、川の上から川面を見て描いた

＊3　京都市左京区の鞍馬山にある寺。北方の王城鎮護の寺として信仰が篤く、はじめ真言宗、平安末から天台宗に転じ、その後は延暦寺の末寺となる。現在は、鞍馬弘教の総本山。

＊4　1452〜1519　イタリア盛期ルネサンスの巨匠。絵画、彫刻、建築のほか、自然学、工学、音楽など多方面に才能を発揮し、ルネサンス的な「普遍人」の理想の体現者といわれる。

＊5　1811〜72　フランスの詩人、作家、批評家。ユゴーに傾倒し文学運動に加わる。小説『モーパン嬢』で芸術至上主義を提唱し、詩集『七宝と螺鈿』で高踏派の先駆となった。

＊6　?〜945　平安時代中期の歌人、官吏。『古今和歌集』編集の中心人物であり、はじめての仮名文学『土佐日記』を書くなど、国風文化の確立に大きな役割を果たした。三十六歌仙のひとり。

ものではなく、水蛇のように潜水し、渦の中にみずから入っていくような視覚を得なければ、このようには描けないということです。たとえ想像であったとしても、それは水の「外ではなく内側に身を投じて」描いている。

だからこれは、たとえばヨルダン川の流れるさまを描写するというものではなくて、渦巻く水に人間が挑み近づいていこうとした、超人レオナルド・ダ・ヴィンチの尋常ではない魂が渦を目撃し表現したとしかいえない。恐ろしくもパワフルこの上ない水なのです。

生と死のあいだを行き交う水は恐ろしい。けれど、私たちは彼の水との闘いと、そのエネルギー融合の心に勇気をもらうことができます。現代人が忘れ去った水への畏れ敬いのみならず、さまざまなことを考えさせてくれる。これは「水界の名作」なのです。

木

木曜日　木星

幸運の星である木星に守護されたあなたは、一言で言えば楽観的な人。高い理想をかかげ、どんなことがあっても人生は素敵なものだと信じて前に進めます。その前向きな姿勢は幸運を招く可能性大。欠点は少しおおざっぱでのんきすぎるところかも?

✴ イエローリボンと黄色いハンカチ

鶴岡　「古い樫の木の幹に、イエローリボンを結ぼう！」という歌が、１９７０年代前半に大ヒットして、日本でも「イエローリボン、イエローリボン」とみんなが口ずさんでいました。その歌「幸せの黄色いリボン（Tie a Yellow Ribbon Round the Ole Oak Tree）」（１９７３年）は、男性ひとり、女性ふたりのアメリカのポップグループ「ドーン」[*1]がシングル・リリースし、全米・全英ヒット・チャートで1位となったのですが、それはなぜだったのか？

その歌詞のもとは、戦争で遠くに行ってしまった恋人、病床に伏している仲間や家族が、きっと無事に帰ってくるという願いを込めて、樫の木に黄色いリボンを結ぶ、アメリカの人々の慣習を歌ったものでした（図1）。ヴェトナム戦争の時代、戦場に赴いた兄弟や親戚が無事に生還してほしいと、全米のあちこちで樫の木にリボンを結んだことでしょう。

そしてこの「樫の木に黄色いリボンを結び祈る」という伝統は、もともとアメリカのものだったのではなく、ハロウィンと同じように、アイリッシュやスコティッシュのケルト系移民の人たちが、19世紀以来アメリカ大陸に伝え慣習化したものと思われるのです。

アイルランドから伝わったという根拠のひとつは、まず第2次大戦前にジョン・フォード監督[*2]の『黄色いリボン』（１９４９年）という映画に別の歌ですが、同じ黄色いリボンを歌った歌がありました。フォードは戦前・戦中・戦後と精力的にアメリカ映画をつくり、とくに元気の出る西部劇を求められ、『駅馬車』は有名です。『黄色いリボン』は、白人の騎兵隊と先住のネイティヴ・アメリカンが対峙する物語ですが、ジョン・フォードは派手な戦闘シーンばかりでなく、人間の情感を主題にして描きましたね。その情、センティメントの表現の奥底には、ジョン・フォード自身アイルランド移民の子孫であったルーツがあると思います。

その主題歌は黄色いリボンと女性に思いをいたして、兵士が歌った歌だったのです。その主題歌の原題は意訳すれば「あの娘《こ》の黄色いリボン（She Wore a Yellow Ribbon）」で、無事に帰還したいと願う男たちの深い思いが伝わってきます。

そして戦後になると、こんどは同じくアイルランド系の作家ピート・ハミル*3が、黄色いハン

*1　1973年に、ドーンは「Dawn featuring Tony Orlando」名義で（ただし、日本盤の名義は「ドーン」）、「幸せの黄色いリボン」をリリース。「ビルボード」誌73年年間ランキングでも第1位を獲得した。

*2　1894〜1973　アメリカ合衆国の映画監督。136本もの監督作品では西部劇や自身のルーツであるアイリッシュを好んで描いた。代表作に『駅馬車』『わが谷は緑なりき』『静かなる男』ほか。

*3　1935〜　アメリカ合衆国のジャーナリスト、コラムニスト、小説家。ニューヨーク州ブルックリン生まれ。妻はジャーナリストで作家の青木冨貴子。著書に『ブルックリン物語』『ニューヨーク・スケッチブック』など。

カチを主題にしたまた別の作品を、1971年に「ニューヨーク・ポスト」誌に「帰宅（ゴーイング・ホーム）」の題名で発表しました。その土台には樫の木に願いを託して黄色いリボン、ハンカチを巻くという先ほどのドーンのヒット曲と共通するテーマがありました。そしてさらにそれは『男はつらいよ』の監督・山田洋次さん*4の手に渡り、かの有名な『幸福の黄色いハンカチ』（1977年）という日本映画の名作に結実したのです。

倍賞千恵子演じる妻が、刑に服した高倉健の帰りを待っている。その帰還のクライマックス・シーンで、彼らの家の高いポールに、山田監督は黄色いリボンならぬ黄色いハンカチをはためかせたのでした。

日本人にとって、英語のハンカチーフの発音が訛った「ハンカチ」というカタカナ語は、特別の響きをもっていて、涙を拭くとか、別れにそれを振るとかいった情感をたっぷり含んだメタファーです。さかのぼればハンカチは白い布巾《ふきん》の「巾」で、興福寺の阿修羅像が、左肩からタスキ掛けしている高貴なる「条帛《じょうはく》」にも見られる「聖なる布」ですね。

西洋の人たちにとってはリボンが幸福のしるしであり、日本人にとって「帛《はく》」や「巾」は、布巾の起源にあるように穢《けが》れを清めるものです。と同時に、人間の生と死に際してその身を包む「いのちに寄りそう布」を暗示します。エジプトのミイラをぐるぐる巻きにして永遠の生命を護る布。チベットの聖地で、青・白・赤・緑・黄の五色にはためく「タルチョ」も聖なる布《ふ》ですね。

リボンにもそうした聖なる布としての人類史的な背景があり、さらにそれを「樫の木」に巻いて無事を祈るという慣習には、樫の木（ミズナラ）を聖樹として崇めてきたケルトの伝統が控えています。アイルランド系移民の両親をもつピート・ハミルはそれを物語にし、山田洋次監督のさらなる解釈のおかげで、傷ついたヒーローが帰還し幸福をつかむ、高倉健の代表作のモチーフとなった。

ピート・ハミルはアイルランドからの移民の子供として育ち、平和を願い、ペン1本でヴェトナム反戦運動もした。1970年代、ヴェトナム戦争の時代にドーンが歌った「幸せの黄色いリボン」のヒットのときも、アメリカの社会は厳しい生と死に向き合っていた。一見ポップで明るい歌の陰に、生命への思いがじわりと湧いてくる。木に黄色いリボン、ハンカチを巻くことが日本映画の主題にもなったところに、不思議ではない「普遍性」を感じさせられるのです。

＊4　1931〜　東京大学法学部卒業。69年からは「男はつらいよ」シリーズの監督、88年からは「釣りバカ日誌」シリーズの脚本を手がける。77年の『幸福の黄色いハンカチ』は第1回日本アカデミー賞で最優秀作品賞をはじめ6部門で受賞した。

木

黄色いリボン／ハンカチの聖なるはたらきが、アイルランドのケルト文化からアメリカへ渡り、それが映画や小説になり、最後には日本に帰化したという奇跡のような事実です。樫の木は、日本の映画では女性の待つ家の洗濯物干しの柱に変容しましたが、それもケルトの聖なる樹、生命の樹の仲間なのです。

別の文化にあったものが、異文化のなかに根付くことを「帰化(ナチュラリゼーション)」といいますが、日本に定着した黄色いリボン／ハンカチはまさにそうでした。

鏡　文化が接ぎ木されていくんですね。

鶴岡　そうですね。リボンもハンカチも、木を寒さから守って包み込む「こも」のようなものとしての布の、原初のはらたきへさかのぼる。非常に原初的な人間の、樹木への共感によるものですね。おみくじを「木に結ぶ」のもそうかもしれない。神道の習慣をさらに太古にさかのぼらせてみることもできると思いますね。

いまその関連でいうと、おもしろいことに、プラド美術館にあるヒエロニムス・ボッシュ[*5]の

＊5　1450頃〜1516　ネーデルラントの画家で初期フランドル派とされる。「悦楽の園」は大がかりな三連祭壇画で、複雑な寓意に満ちた彼の代表作。

図１「樫の木と黄色いリボン」70 年代のジャケットより

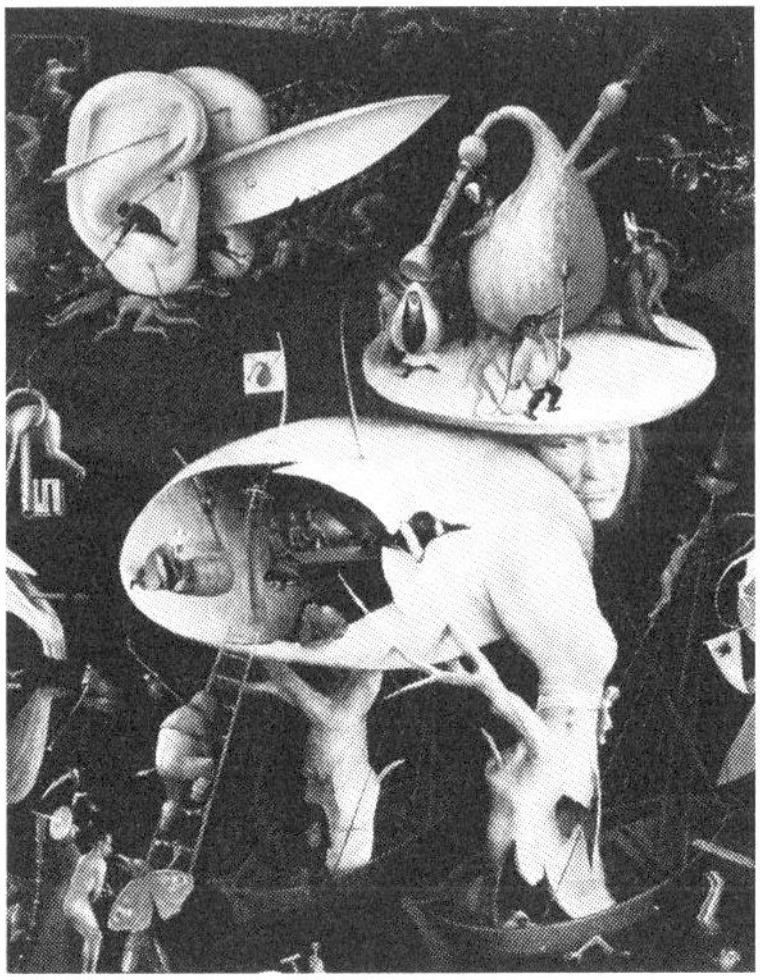

図２　ヒエロニムス・ボッシュ「悦楽の園」部分

有名な「悦楽の園」の絵には、卵の形をした異形の男が描かれています(図2)。顔は人間、身体が割れた卵になっていて、足は私が見るところ樹木のように見え、その木のような足に包帯のような布が「巻かれている」のです。この包帯は何なのか? この男は、人の心や体を癒し願う精霊として、「木に巻く布」を自分の足に巻いてみせてくれているのかもしれないと私は思うのです。

ボッシュは中世末期のフランドル派の画家、フランドルにも聖なる樫の木の崇拝はあったでしょう。ベルギーこそは、2000年以上前からケルト人の一派「ベルガエ」族の国で、国名もそこからきています。「リボン」「ハンカチ」「包帯」。これらはどれも癒しの布なのだと思います。人間の傷ついた腕や足を、樫の木が代わりになって治してくれるのだと。

象徴としての鹿角

鏡 僕がそれで思い出すのはイギリス南西部、グラストンベリーの「ホーリー・ソーン」ですね。イエスの叔父にあたるという「アリマタヤのヨセフ」が聖杯を携えてグラストンベリーに来たときに、杖をついたらそこから根が出て、いまでも残っている聖なるサンザシの木になったと伝えられています。もちろん、伝説ではありますが、実際、そのサンザシの木の遺伝子を調べると中東から来たらしいと現地のガイドの方がおっしゃっていました。この聖なるサンザシは接ぎ木されて増やされていて、グラストンベリーには何本もあります。

サンザシはふつう、年にいちどだけ春先に咲くんですけど、このサンザシは年に2回咲くんですって。クリスマスのころにも咲くので、それをクリスマスに女王陛下のところに持っていくのが風習なんですってね。

グラストンベリー自体、聖杯伝説があったり、アーサー王の墓(!)とされる場所とか、不思議な丘トールとか、たくさんのミステリアスなスポットがある町ですが、この聖なるサンザシも一種のパワースポット扱いで、その樹や樹を囲む柵にみんなリボンを巻いているんですよ。なぜだろうと思っていたんですけどこういうことなんですね。*6

鶴岡　鏡さんのいまの話でいうと、北欧神話のオーディンが自分自身を9日9夜、木にぶら下がるごとく、自分で自分を木に縛りつけ、それに耐えて、もうひとつ上のステージに脱皮して

＊6　ただし、アリマタヤのヨセフとサンザシが結びつけられたのは18世紀初頭以降のことであるという（Rahtz. P., *Glastonbury* English Heritage, 1993）。

いったことを思い出させますね。

鏡 『古エッダ』の「オーディンの箴言」[*7]ですね。「わしは、風の吹きさらす樹に、九夜の間、槍に傷つき、オーディン、つまりわし自身に我が身を犠牲に捧げて、たれもどんな根から生えているか知らぬ樹に吊り下がったことを覚えている……わしはルーン文字を読み取り、呻きながら読み取り、それから下へ落ちた」。

鶴岡 北欧からシベリアまで、あるいは日本も北アジアですから、北方ユーラシアの聖なるもの、生命論的な観念を共有している。ヘラジカやトナカイという角のある動物を、現代の子供たちの絵からデザイン画まで、角を樹木として描いています(図3)。

それを最も深いところで共有するという慣習が何万年も続いている。描写的な鹿ではなく、「鹿角＝樹木」。角から誕生し芽が出て立派なものに成長する。そしてそこから、もういちど成長するために狩られて、伐られて、枝ぶりを豊かにしていく。この鹿は、北方ユーラシアの針葉樹林帯から、ロシア、アルタイ、カザフスタン、ハンガリー、バルト三国、北欧、ケルト、ゲルマンまで共通する。樹木を天(頭)に戴いている聖なる獣ですね。

✶ 横溢する生命力のシンボル

鏡　これは現代の魔女文化の中で描かれている絵のひとつなんですけど、まさに鹿の角をつけています(図4)。モダン・ウィッチクラフトだと、女神は1年間遍在し、つねにおわす。それにたいして季節の神様は男性神で、森の王様がふたり出てきて交代するんです。冬の期間はホリー・キング、つまり柊の王。夏を支配するのが、樫のオーク・キング。漢字でも「柊」は、まさに木偏に「冬」ですもんね。

それで、男の神様は女神と違って生まれたり死んだりする。冬至が一つの節目で、これから光が生まれるときに、オーク・キングが赤ちゃんとして生まれるんですね。夏至になると逆になる。季節の神様が交代して、お互いが角切りをしあうという世界観なんです。

鶴岡　スコットランド出身の社会人類学者フレイザーの『金枝篇』の世界ですね。

鏡　そうです。現代のウィッチクラフトの大きなソースのひとつは『金枝篇』です。マーガレット・マレーというエジプト学者が、イギリスには石器時代にさかのぼる有角神の宗教があ

＊7　古北欧語で書かれた『古エッダ』に収録された歌謡集。10世紀ごろに北欧の古詩を集めてつくられ、処世術など現実的で実用的な内容のものが主である。

木

ると主張して、それを下敷きにジェラルド・ガードナーという人物がそうした古代宗教と接触したと言い出して生まれました。英国発の新しいスピリチュアリティといっていいでしょうね。「オーク・キング」で検索したら、儀式用なんでしょうか、あるいはコスプレかな、こんなのもつくって売っている(図5)。元ネタはグリーンマンですね。

鶴岡　これはすばらしい発見です。

ハンガリーの人たちはマジャール人ですから、キリスト教徒であっても同時にアジア的なシャーマニズムを信仰することを隠さないですね。現代では新しい民族主義のムーヴメントで、ネオ・シャーマニズムのような儀礼を堂々とやるお祭まで興っています。

民族の祭典で私も参加したその儀礼の中心にいるシャーマンは、鹿角をまとい、たくさんのリボンを体から垂らして、太鼓を叩く。シベリアのシャーマンの原型にさかのぼるいでたちです。日本の仏教の慣習で、極楽に連れていってくださいと阿弥陀様に拝むとき、実際、「山越阿弥陀図」の絹糸を、瀕死の藤原貴族が手に結んで願ったように、シャーマンも聖なるものと衆生とをつなげるために、そのコスチュームに、光のような糸や条帛を垂らして登場します。

それはまた鏡さんがおっしゃったシャーマンの身体としての樹木を想起させますね。そこにリボンが結ばれたり、垂らされることで、精霊と人間のつながりが可能になるという信仰のありようが浮かび上がります。

図3　鹿の角と樫の木の葉と枝、ハンガリー

図５「オーク・キング」

図4　鹿角をつけた王

鏡　ヨーロッパは石を使った文明で、それにたいしての森は抑圧すべき対象でもあった。日本においては山に相当する野生の領域が森だということですよね。ロビン・フッド伝説でも「シャーウッドの森」は、「アウトロー」の世界、つまり市民の法秩序の外のアジールとしてイメージされていますものね。しかし、それでも石造りの教会に植物の木を入れていくっていうのは、生命力をどうしても取り入れないといけないということだったと思うんですよね。すべてが石になっちゃうと、管理はできるけど、生命力が枯渇しちゃう。コンクリートの隙間から出てくる木に感動するというような、横溢する生命力の象徴ですよね。

5月1日のメイデーはオーク・キングがピークに達するときなんですよ。そういうものを人は求め続けていたんでしょうし、治癒の力を信じてメイポールの周りでダンスをする。まさに男性的で、受け容れるというよりも侵入してくる、突っ込んでくる。それぐらいの若々しさ。

グリーンマンの起源を、ディオニュソス神話に求める説があるそうなんです。一見、全然違うじゃないかと思うんですけど、自分の身体から葡萄が出てきて、ワインの神様につながる。日本の神様にもあるとは思いますけど、大地や石から植物が溢れ出す。妊婦だとクローリスとフローラが口から花を吐き出しますけど、木はそういう生命力の象徴だと思います。

鶴岡　「鹿」は人間に恵みを与える動物であり、シベリアの民族など、狩猟する人たちは、その儀礼や生活に鹿皮の恵みを用いてきました。私も黒澤明監督の『デルス・ウザーラ』で知られたシベリア沿海州のアムール川の民である、ナナイ族の人たちを訪ねたとき拝見できたのですが、人々はじつに繊細で美しい鹿皮のポシェットを愛用しています。正倉院御物の「琵琶」の裏側の花模様の緑色は、鹿の爪を緑に染めたものだといいます。そこまで鹿が神聖視されているのは、鹿は肉や皮や角や爪まで、その体のどの部分をも、人間に贈与してきてくれた、恵みを与えてくれる動物であることを、太古の時代から人間は感謝してきたからではないでしょうか。また『万葉集』に詠われたように、「萩と鹿」というのが秋の季節の一対であり、哀感やさみしさという情感も共有できる動物でありますね。

そうした中で鹿の神聖を決定づけるものはやはり、ここでお話ししてきた天と地を貫くものとしての「角」ですね。それはモンゴルや中央アジアにある「通天」の思想にかかわる、天まで届く樹木としての角です。それを鹿はもっている。そこに究極の神々しさ、神聖さ、スピリチュアリティがあると、シベリアの人々もヨーロッパ人も思ったのです。

鏡 いまの話は木星とつながりますね。占星術では惑星は植物や鉱物などに配当されますが、動物の配当もあるのです。たとえば月の動物は猫、太陽はライオン、鳩は金星というふうに。アルテミスの眷属としては、月の動物もありますが、一方で大きな動物として木星にも配当される。

螺旋の世界樹

鶴岡　冬至のころに現れる死の嵐、ワイルド・ハントを巻き起こす死の精霊たちは、狂える状態になって、死を忘却し生命を尊ばない人間を捕まえにくると北ヨーロッパでは考えられました。先祖や死者を忘れる罪が審判され、人間はもっと修業せよということなんですけど、冬の極まるころ、狂乱する戦士のごとく霊たちが人間を捕まえにくると恐れられた。それは厳しい冬を生き抜いていくために、この試練を通過しないかぎりは平安はもたらされない。その観念を、キリスト教も異教から学んだところがあるかもしれませんね。

　キリスト教の教義というのは、唯一の神が世界をデザインし、審判も厳しく、死後は天国か地獄かを決められてしまう。いっぽう異教的なものでは、厳しくても転生し、魂の彷徨を赦して、人間は森のなかにいったん放たれ、迷うなかで、試練や考える時間を与えられるのかもしれません。狂気という、道を外れたり、常軌を逸した状態に入ることで、より強力で純粋な軌道に入れるのだと。森こそが、その舞台である。

鏡　タロットの愚者はまさにそうですよね。0番のfool。また英国の伝承ではマーリンがそうですよ。マーリンが狂気に陥り、森の中に入っていく。またマーリンは予言の力を発揮しますが、たとえばある子供の死について、予言力をテストされるんです。それで、「どうやって死ぬか？」と言われて、1回目は溺れて死ぬ、2回目は吊るされて死ぬ、3回目は岩にぶつかって死ぬ、って同じ人物なのに3種類の死を予言しちゃった。それはおかしいと思われていたんだけど、岩にぶつかって、木に引っかかって、頭だけ水に浸かって死んでしまった。結果的にどれもあたっていたという話でしたよね。

この話も木ですし、マーリンは森の精ですよね。偉大な魔法使いではあるけれど、美しい女性に誘惑され、自分が教えた魔法によって目には見えない塔に幽閉されてしまうという……そこではいまだに森の中でマーリンの声が響くとも……。

鶴岡　バーン＝ジョーンズの絵にもたしかありましたよね。茨のような枝が増殖しマーリンはそこにも閉じ込められる。茨の木、茨の城、恐るべし。

鏡　それをタロットにしている人がいて、「吊られた男」に対応させたものがあるんです。R・J・スチュアートの『マーリン・タロット』です。

ところで、太陽系の動きって実際はこうなんだっていうんですよ（図6）。太陽系って静かに回転しているようなイメージでしょうけど、銀河の周りをものすごいスピードで動いているんですって。螺旋しながら回転して、宇宙を旅しているんだというのを示した絵なんです。

鶴岡　すごい速度で回転していますね。1日で1周しちゃう。明日の今日、ここに戻ってくるわけね。すごい速さだけど振り落とされてないんですね。

鏡　重力と慣性でしょう。でも、自転だけでもすごいじゃないですか。飛行機よりもずっと速いわけですよね。太陽系の動きって実際こうなんですって。さらに、太陽系ごと動いているから宇宙のなかをものすごいスピードで動いているんです。

鶴岡　螺旋状の世界樹を思い出しました。世界遺産であるノルウェーのソグネ・フィヨルドにある中世の「ウルネス教会」。その北面の壁に残る木彫の「ユグドラシル」(図7)です。北欧神話の世界観で、世界の真ん中には「アクシス・ムンディ＝世界軸」が立っていると考えられ、地下世界で鹿と蛇が、この樹木の螺旋状の枝葉を噛み、たがいに絡まり合っている。その異教的な図像が堂々と、11～12世紀のキリスト教の木造聖堂の柱や扉に、さかんに彫られたのです。この造形が面白いのは、まさに世界の軸、御柱としての樹木を象っているところですね。

鏡　世界を支える軸としての樹木。宗教学者のミルチャ・エリアーデ*8がさかんに語った象徴ですね。そして、そうした世界の軸である樹木を手にすると魔法の杖になる。

鶴岡　ハリー・ポッターの杖もそうですよね。

---

*8　1907～86　ルーマニア生まれの宗教学者、神話学者、小説家。神話・象徴・儀礼を通じて世界の宗教思想を研究。『永遠回帰の神話』『聖と俗』などの著作がある。

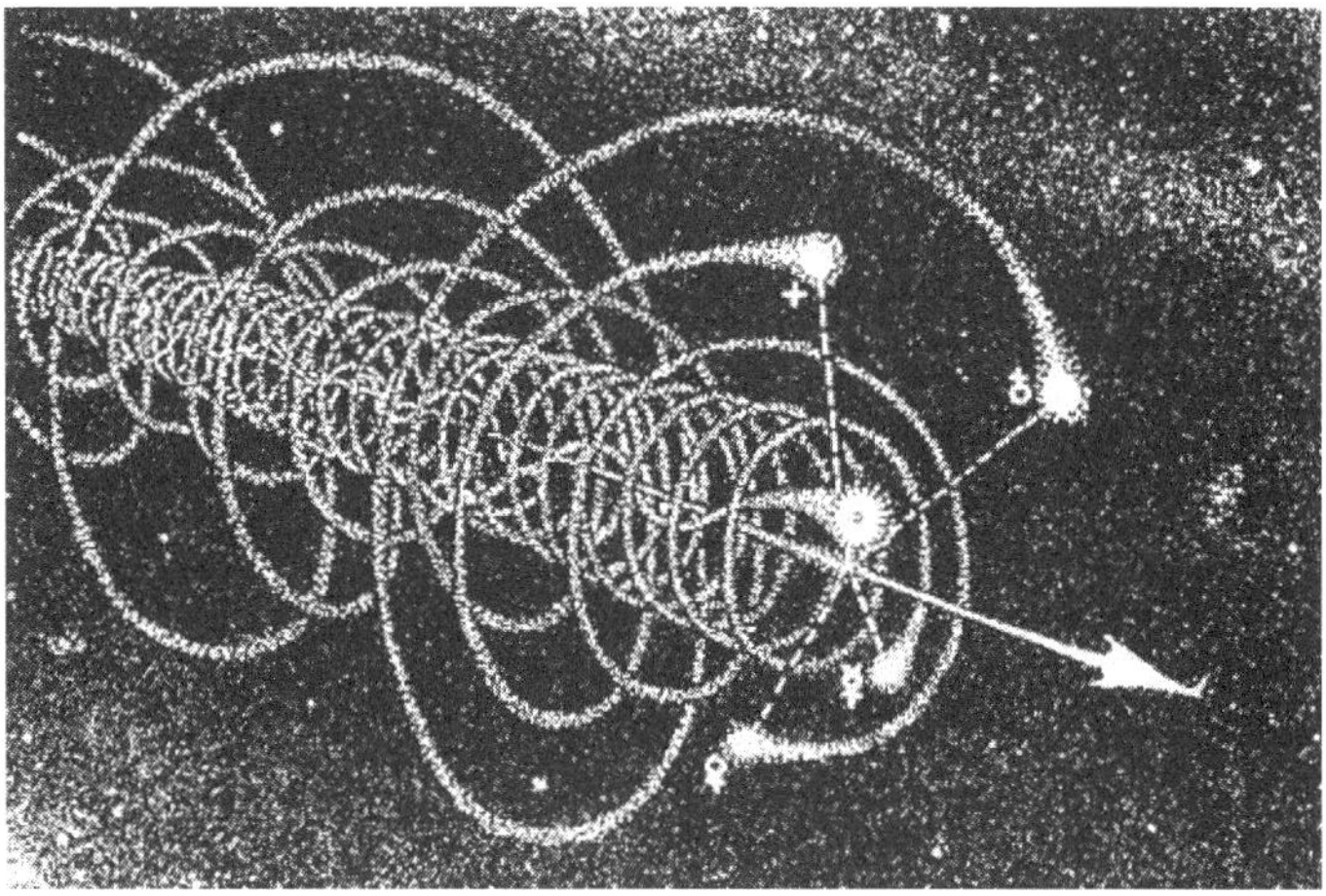

図 6　スパイラルする太陽系

図 7　「ユグドラシル」（ウルネス教会、ノルウェー）

木

鏡　現代の魔法使いの「杖の術」などによると、オーク（樫）が最強の魔法の杖で、死の呪いはイチイの木だとか。ほかにはバーチ、樺の木、ローワン、ナナカマドと木によって属性が変わるんです。

鶴岡　それらの木、オーク、イチイ、ヒイラギ、サンザシ、ニワトコ、トネリコなどは、「ケルトの木」とも呼ばれますね。

鏡　そうですね。13の守護樹。

鶴岡　暦と樹木が対応していますね。そういえば古代北欧のルーン文字に対して、アイルランドに残るオガム文字は、ａｂｃのアルファベットが、特定の木の最初の文字で示されていますね。たとえば「e」は、冬至の日の木である「イチイ edad（発音：エダ）」、「o」は「オーク（樫の木）d[a]ur」に結びつけられました。

鏡　はい、ロバート・グレイヴス*9の有名な詩論『白い女神』がオガムと暦の対応の出元になったのですね。この詩人がつくり出した新しい伝統です。いまでは「ケルトの樹木占い」なんていうのも占いマーケットには出回っていますよ。

✶ 神鳴りと審判

鶴岡　そうですね。古代ケルト社会の宗教から生活の掟までを司っていたのが「ドルイド」といわれ、人間を超えたもの、霊の声を聴き審判もした職能でした。つまり、精霊の声を代理したわけですが、現代の裁判官も木槌で木のテーブルを叩く。それは古代ケルトの時代にはドルイドのような存在によっておこなわれていた、といってよいでしょう。木槌で木板を敲くと、幸運が訪れたり、なにかを定められるわけです。

鏡　おまじないのTouch Woodもそうですね。ピンチを避けるとか、災いをさけるのに木に触る。木製のものに触るっていうおまじないが英語圏にありますよね。

雷の象徴としてのトールはゼウスとつながり、ゼウスはジュピターだから木星なんですよ(図8)。神託で有名な場所にはデルポイとドドナと2ヶ所があって、ゼウスのメッセージはそれこそ、ドドナの樫の木の擦れ合う音が声に聞こえるんですって。ゼウスの木はオークなんですよね。ゼウスの雷が落ちるからだと思うんですけど。そういう意味では、オークの木が天と

＊9　1895〜1985　イギリスの詩人、小説家、評論家。親交のあったトーマス・エドワード・ロレンスの評伝『アラビアのロレンス』で知られるほか、ギリシャ神話研究でも評価される。

地をつないで、雷を受ける。

鶴岡 天空神とつながる木ですね。ユピテル、ゼウス、ジュピター！

鏡 まさに木星ですもんね。ジュピターはゼウスなので。ゼウスとトールが重なり合う。神鳴りですもんね。木槌のイメージもそこでつながっていく。木星の支配する職業って裁判官や司祭なんですよ。裁判官は木槌をもっている。

これは「木星の子供たち」と呼ばれる典型的な図（図9）ですけど、木星のジュピターが上にいて、孔雀かなにか鳥が牽く車に乗っている。その下に木星の支配する職業が描いてあるんですけど、宗教家、あるいは裁判官や法律学者。そういう人たちが木星によって支配されるんです。

鶴岡 ドルイドの職能が全部入っていますね。

雷に打たれるということですと、カエサルが2050年前に古代フランス、ガリアを攻めた後も、ケルト文化は滅んだのではなく「ガロ＝ローマ文化」が花開き、融合文化ができた。『ガリア戦記』のなかにも書いてあるとおり、ガリア（ケルト）人の神々は名づけることができないほど不思議であったので、ローマ人の神々になぞらえて解釈しました。そのひとつがユピテルで、雷を持った像もつくられフランスからたくさん出土しています。

漢字の成り立ちで「神（神）」という字は、雷がぐるぐる回って、柱が天に通ずるという形ですよね。左側の「示」偏は、儀礼の台、テーブルで、右側の旁《つくり》「申」では雷が天地を貫き渦巻いているという象形です。雲も光も、人と大地を圧倒するように渦巻いて轟いている。そうした渦巻きの形は文様となり、ケルトから縄文の美術にまでであり、それが漢字では象形になっているのがすごい。

右側の「申」は、神々やスピリットが、渦巻く雷として天を貫いている。と同時に、人間の想いを天に「申」し上げたい、お願いしたいという願いを託して渦巻きになっている。私たち地上のものは、ゼウスやユピテルのような木星的なものにたいして、なにかを祈る。通天するものと、雷が渦巻く。すごい漢字ですね、「神」の字は。ローマ人がたいせつにしてきた天空神ユピテル的なものが、東洋の通天思想に響き合っている。これを思いながらジュピター、木星は語られるべきですよね。

鏡 雷というとカバラの「生命の木」を思い浮かべることもできますね(図10)。「セフィロト」の木の考え方のひとつで、これが宇宙の全体なんですよね。10個の球体とそれを結ぶ22本のパスでこの世界はできていて、設計図であり、神の構図を示しているというのがカバラの考え方なんです。この上に無限や無というのがあって、天球はいろいろなステージが流出してくるというふうに、新プラトン主義的に考えられているんです[*10]。

概念エネルギーがまさに雷として各天球を貫いて、最終的に「王国マルクート」と呼ばれる地上に雷、火花が達して成就する。それで私たちは、なんとか修業して戻らないといけないんですけど、雷の道に直接触ると焦げちゃうんで、螺旋を描きながら蛇のように戻らないといけない。これは世界をヘブライ文字の22文字で表す。いまではカバラーの中心だと考えられていますが、たぶん12世紀以降のもので、人体にも対応するんですね。

鶴岡　ユダヤ教の神秘思想の「アダム・カドモ（原初の人間）」ですね。

鏡　そうです。王としてのアダム、原初のアダムです。

カバラーは、もともとはユダヤのなかの聖書のもうひとつの読み方として生まれてきます。プロト・カバラの者、「形成の者」は3、4世紀にさかのぼれますが、12、13世紀ごろから形をなしてくる。それが15世紀ルネサンスのころから、キリスト教のカバラというのが出現しはじめ、いちばん有名なのがピコ・デラ・ミランドラという、フィチーノの後に出てくる人が、キリスト教からみてもカバラは正しいことを言っているという。そこで、カバラが一部キリスト教化されて、カバラ思想をもとに、魔術などもおこなわれていく。ユダヤのカバラーとは歴史的に断絶はあるものの、19世紀末に結成された魔術結社「黄金の夜明け」では、電撃として

＊10　山本伸一『総説カバラー』（原書房、2015年）がカバラについて優れた総論である。

図 9　惑星の子供たち「木星」

図 8　ゼウス像。ドドナ出土

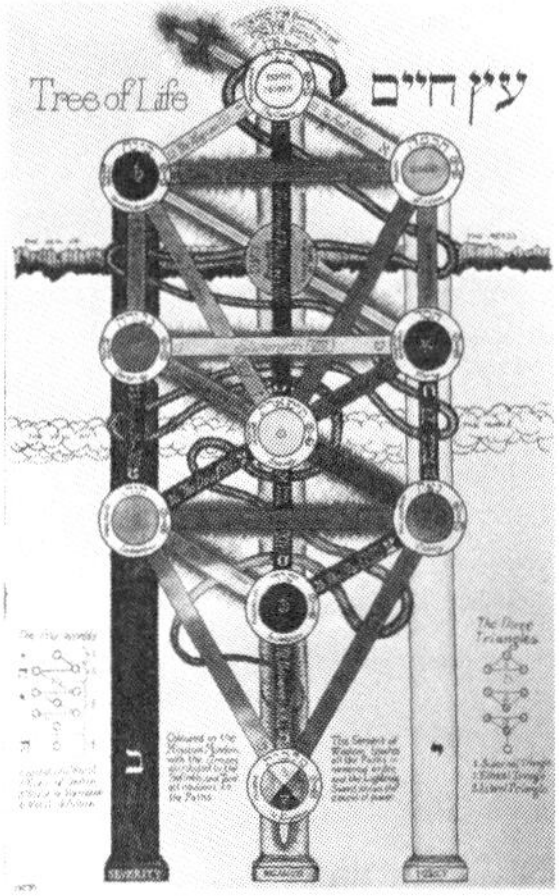

図 10　カバラの「生命の木」

の稲妻と上昇する蛇として生命の木が描かれる。
神の剣として、稲妻として一瞬で宇宙を形成していくんですよ。上昇弧と下降弧というんですか、私たちが直接、神に触っちゃうと燃えて死んでしまう。

鶴岡　やはり天地を貫き呼応する、「通天するもの」というのは東洋と西洋で響き合っていますね。
日本にも昇り竜と下り竜がありますけど、東西を貫くシンボリズムで考えると、下ってきたもの、降り注いできたものが、ふたたび上昇し、天にタッチして意味をなして、次のステージを生む。やっぱり雷（天から降りてくる）と樹木（地から上昇する）の大いなる関係を、人間が太古から直観していたということですね。

金

金曜日　金星

愛と美の星、金星に守護されたあなたは美的センスに優れていて、芸術的な才能も持っている人。おしゃれで何事もスマートにこなしそう。人生の楽しみを享受しようというエピキュリアン。ただ、優柔不断で少し打たれ弱いところも？

✴「プリマヴェーラ」と占星術

鏡　金曜日といえば金星ですね。フライデーは、北欧神話の女神フレイアの名前からきていますが、これはローマ神話ではヴィーナスですね。金星は英語でVenus。バビロニアの惑星崇拝の時代から、愛と美と戦争の女神だったんです。これは大英博物館にある「イシュタル」(図1)ですが、夜の女王、「リリス」かもしれないといわれていますけれど……イシュタルはギリシャで「アフロディーテ」になり、ローマでは「ウェヌス(Venus)」、ヴィーナスになっていくんですね。金星はもちろん愛の象徴。ルネサンスのころにさかんに「惑星の子供たち」という占星術を題材にした図像が描かれます。これは惑星の神の実際の子供ということではなくて、たとえば「小泉チルドレン」というような感じで、その惑星の神の強い影響を受けた人たちの生活ぶりを描くもの。たいてい、画面上に山車《だし》に乗って天を運行する惑星神の下で、その惑星の意味にそった人々の生活シーンが描かれます。「金星の子供たち」(図2)では金星の女神は手鏡と松明を持っている。金星のシンボルマークは♀なんですが、これはヴィーナスの手鏡を象ったものだとされています。いまでは生物学でのメスの記号ですが、もともとは占星術記号。ちなみに♂は火星の記号です。また山車に牡牛と天秤が描かれているのは、金星は牡牛座と天秤座を支配しているから。下のほうでなにをしているかというと、恋人たちが楽しくダンスをしたりしている。そしてデートとセックス。公衆浴場は娼館でもあったのですが、そういうものはすべて金星が支配している。金星は愛と欲望、美の象徴で、それがよいほうに出ると高尚な音楽や芸術、愛を人に与えるけれど、いっぽうでは俗なる性愛をも表すのですよね。[*1]

愛と悦楽の象徴としてのヴィーナスはルネサンスのころになると、かの有名なボッティチェッリ[*2]の「ヴィーナスの誕生」をはじめさかんに描かれるようになります。その「ヴィーナスの誕生」は「プリマヴェーラ（春）」（図3）とセットになっています。

フランセス・イェーツ[*3]というヴァールブルク学派の人の説明だと、「プリマヴェーラ」は、巨大な金星の力を呼び起こすお守りで、魔術図像だというんです。

ヴィーナスが真ん中にいて、前章のグリーンマンのところで出てきた、クローリスとフロー

＊1　「金星の子供たち」の図像研究については、グウェンドリン・トロッテン、伊藤博明・星野徹訳『ウェヌスの子どもたち』（ありな書房、２００７年）に詳しい。

＊2　１４４５？〜１５１０　ルネサンス期イタリアのフィレンツェ生まれの画家。初期ルネサンスで最も業績を残したフィレンツェ派の代表的画家。フィリッポ・リッピのもとで学び、メディチ家の保護を受け、宗教画、神話画などの傑作を残した。

＊3　１８９９〜１９８１　イギリスの歴史家。『ジョルダーノ・ブルーノとヘルメス教の伝統』（前野佳彦訳、工作舎、２０１０年）などで、ヘルメス思想を復興させた魔術的ルネサンス像を定位するとともに、近代科学の成立と普及に神秘主義的契機のあったことを説いた。

ラというふたりの乙女、ニンフがいる。じつはふたりは同一人物なんですが、この息がかかると、なにも模様のない白い冬の衣装を着たクローリスが、春の風を受けて花を咲かせる。フローラに変身するんですね。三美神が手を取っていて、それは「貞節」と「快楽」と「美」の三者なんですが、それは服装でわかるんですね。貞節はぴしっと髪の毛をひっつめているのにたいし、快楽のほうは伸ばしていてアクセも大きい。美はちょうどいい感じ。この春風が西風の神「ゼフィロス」の息として描かれているところがキモで、息はラテン語ではスピリタス、つまりスピリットですから、宇宙に充満している霊気が地上に吹き込み、降下して春をもたらすようすを示している。

画面上ではヴィーナスの子供であるエロスが矢をつがえている。この矢がどこを狙っているかというと、貞節の女神を目がけていて、当たりそうになっている。視線はどこを向いているかというと、ヘルメスを見ているんですね。恋に落ちる5秒前って感じ(笑)。それで、ヘルメスは魔法の杖、カドケウスを手にしていて、それが突っ切って天に届いているんですね。天上から降下してきたスピリットを今度は天上界、イデアの世界へと立ち返らせようとしているように見える。こう考えると、宇宙のスピリットの循環を示す一種のマンダラのようなものではないかと……。

ボッティチェッリはフィチーノというルネサンスの学者のサークルにいたので、新プラトン

図２　惑星の子供たち「金星」

図１「イシュタル」

図３　サンドロ・ボッティチェッリ「プリマヴェーラ（春）」

金

主義（ネオ・プラトニズム）を学んでいたはずですから、その背景にはヘルメス主義や新プラトン主義的な魔術思想があったのではないかという説もそれなりに説得力がありますよね。

ちなみにヴィーナスに配当される花は薔薇ですけれど、金星と地球の軌道をコンピュータでシミュレートしたこういった図形がある（図4）。地球と金星の距離を一定期間で結んでいくと薔薇のような形になるんですね。

鶴岡　ほんとうですか。それはすごい。

鏡　地球と金星は薔薇の花のようなステップを踏みながら運航している。

こういうモーションになるということは昔の人は知らなかったけど、金星が動きを止めるときがあるんですね。「惑う星」と書くぐらいですから、地球から見ると、こういうふうに動いているように見えるんですね。螺旋というかループを描いて。動きを止める箇所っていうのが、地球から見るとちょうどペンタグラムのようになる。[*4]

映画の『ダ・ヴィンチ・コード』[*5]のオープニングで、ルーヴル美術館でダ・ヴィンチの人体図の形をして人が死んでいるシーンがありましたでしょう？　あれが全体の伏線なんですけど、このペンタグラムは金星の象徴といわれていて、ヴィーナス、つまり女神の象徴だと。だから「ダ・ヴィンチ・コード」はじつは「ヴィーナス・コード」でもあって、キリストには子供がいる、つまり女神崇拝の伝統があったんだという「仮説」を表すのにこのマークが使われている。まあ、あれはフィクションですが、あのミステリー小説の全編をこの金星の象徴が伏線として貫いているといっていいでしょう。

鶴岡　レオナルド・ダ・ヴィンチがミラノに自分のアカデミーを創ろうと構想して、その学苑のエンブレムとしてデザインした「組紐文様」のパターンは、複雑な渦巻き的な形になっています。

まさにその組紐文様にも、「最後の晩餐」の構図にも、ペンタグラム的な土台が隠されているように思えますね。そのように読み解く可能性があるとすれば、ダ・ヴィンチはネオ・プラトニズムの時代にあって、天文学と占星術に加え、そこから生まれたイスラーム文化圏のアラベスク的構造を持った文様に深い関心を抱いていた事実が、そこにつながる。アラベスク文様は平面なのではなく立体的ペンタグラムがベースにあるような構図であり、レオナルドがイスラームやオリエント世界からイタリアにもたらされたものに、いかに刺激を受けていたかが、

＊4　惑星の軌道を描くマンダラを作製するソフトとしてAstrological Mandalas ACS Softwareがある。
＊5　原作はダン・ブラウンの長編推理小説。レオナルド・ダ・ヴィンチの人体図、「モナ・リザ」「最後の晩餐」などの謎と、イエスの婚姻関係や子供とを結びつけた内容が世界的にヒットし、７０００万部の大ベストセラーとなった。

より見えてくると思いますね。

レオナルドは古典的な幾何学の土台もよく研究しましたね。とくに、正円と正四角形のなかに人間の心身が入っていて、大宇宙のマクロコスモスと、小宇宙である人体のミクロコスモスとが呼応しているという「人体の調和」図（図5）ですね。

鏡　もとは建築家のウィトルウィウスですか。*6

鶴岡　はい、古代ローマの建築家ウィトルウィウスの『建築論』を読み込んで、コレスポンデンスの関係をこれほどわかりやすく、かつ、ダイナミックに表したものはありませんね。

鏡　黄金比率ですよね。この比が最も美しいとされていて、たまたま金星と地球の動きというのがゴールデンセクションを形成するペンタグラムの形で動いているんです。

鶴岡　いまの鏡さんの話のとおり、ペンタグラム的、ヴィーナス的、金星的という視点からみると、科学者でもあったレオナルドや、ネオ・プラトニズムに深い影響を受けたボッティチェッリが特殊なのでなく、このような天地照応のイメージは、当時のルネサンスのアルス（アート）を創造した人間や思想家たちが、みな共有していた宇宙図、心身図であったことでしょう。むしろそのマクロコスモスとミクロコスモスの「照応のヴィジョン」から、宗教画も「モナ・リザ」という肖像画も、飛行する装置も創造されたのではないかと思えますね。

＊ 黄金の薄さと霊性

鏡　金星ってきれいなイメージがあるんですけど、実際の惑星としては、猛毒に満ちた、人間なんて絶対住めない地獄の星なんです。

それで思い出したんですけど、宇宙人に誘拐されたり、宇宙人に会ったっていう人がいるじゃないですか？　するとだいたい金星人って美男美女で描かれるんですよ。「空飛ぶ円盤」のイメージを広めたアダムスキーがコンタクトしたのは金星人なんですが、ルックスは金髪の白人男性なんですよ。ポスターで見ると、女性と見紛うような美しさ。アダムスキーと並ぶ有名なＵＦＯコンタクティのハワード・メンジャーが出会ったという金星人は美女だったといいますし。

鶴岡　金髪は「天上的なるもの」を表象してやまないですね。

＊6　前80／70年～前15年以降　共和政ローマ期に活動した建築家・建築理論家。現存する最古の建築理論書とされる『建築論』（建築十書）を著した。

鏡　金属と金星の結びつきという点でいえば、アフロディーテ、ヴィーナスの正当な旦那さんはヘーパイストスないしはヴァルカン、鍛冶屋の神ですよね。

鶴岡　そうですね。火の神ですよね。

鏡　京都の鞍馬寺の鞍馬弘教による縁起物語を見ると、いまから650万年前、金星から鞍馬山に「サナト・クマーラ」という地球の霊王が降り立ったというんです。ご本尊の「魔王尊」は、その後クマーラになった。毘沙門天と千手観音が三位一体の尊天といいますと。これはなんだろうと思ったら、神智学の影響なんですね。鞍馬寺は天台宗から分かれて、鞍馬弘教として独立するんですが、神智学者と交流があったんですね。「サナト・クマーラ」も鞍馬と音が似てるからそれでくっついたんじゃないかと。それで、チベットのポタラ宮殿と鞍馬寺が地下でつながり、シャンバラにもつながっているというのが由緒になっているんです。それで、金星から降り立ったサナト・クマーラは永遠に16歳の美少年の姿で、地球の進化を司っていらっしゃるという教えなんだそうです。*7

鶴岡　それは恐れ入りましたっていう（笑）。

鏡　僕は子供のころからなぜか鞍馬には不思議に惹かれて、いまでも京都に戻ったときにはふらっと登ったりしています。僕はずっと西洋の魔法や占星術に興味をもっていて、日本人のくせに、なぜか日本の霊性や東洋の占いにはまったく食指が動かなかったんですが、不思議に鞍

図4　金星と地球の軌道

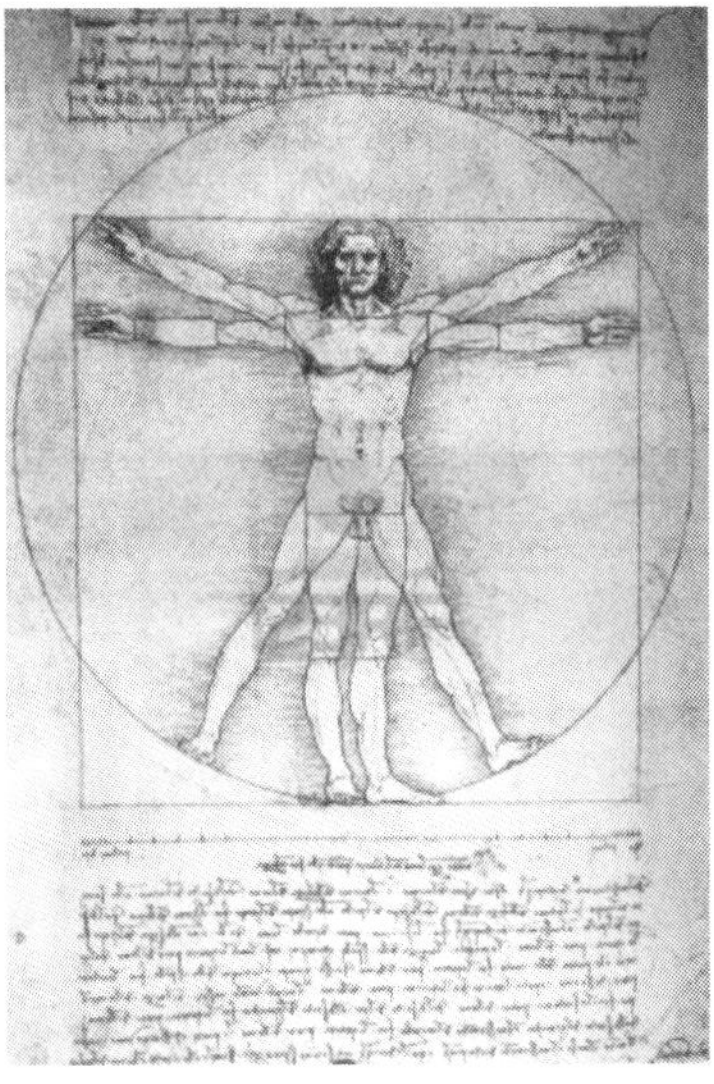

図5　レオナルド・ダ・ヴィンチ「人体の調和」

馬には子供のころから心を惹かれていたんですよ。大人になって思うと、そのなかに神智学という西洋の神秘主義の影響も入っていたからでしょうか。

金属と天体とに話を戻しますと、錬金術では太陽が黄金で、月が銀なんです。水星は水銀で、金属なんだけど変幻自在で液体っぽい。火星が鉄で、金星は銅なんですよ。木星が錫《すず》で、土星が鉛。錬金術では惑星記号はそのまま金属を表すんです。曜日でいう「金曜」は銅だけれど、黄金は「日曜」に対応します。

鶴岡 金星は銅なのですね。

日本人は、不思議なほほえみをしたり、輪郭線を明確にするよりはふわふわした浮遊感を体でも表現する傾向がありますね。それはイエス、ノーをはっきりと言えない、頼りない国民のように一見みえますが、逆にいえば実はその態度は、目に見えない死者たち、霊魂、霊的なものを感知する繊細きわまりない能力を示しているともいえますね。そしてそれだけではなく、あらゆる存在の佳さや美しさを「薄さ」と「軽さ」のなかに見る。

たとえばそれは美的な、「金箔的な薄さ」への鋭い感覚とでもいえるものではないかと思います。鹿苑寺金閣という建築には、美的な浮遊感があり、三島由紀夫が[*8]『金閣寺』で劇的に描いたように、若い僧侶がそれを燃やしてしまうということは、金という地中から得た重いものを、炎上させ、成仏させせて、霊的で得体が知れない陽炎《かげろう》のように「薄く儚《はかな》いもの」へと昇華させてしまったのだといえます。黄金の塊を、薄く軽く変容させる。それだけでなく、火の粉として、天上世界に蒸発させ、重みを抹消するのです。

これで思い出されるのは、黄金を自然界の山に返すトールキンの北欧神話に基づく『指輪物語』や、金属の剣エクスカリバーを異界に還す「アーサー王伝説」ですね。「黄金や金属の恵み」を、きちんと自然に「お返しする」物語。黄金を人間がこの地上で私利私欲の対象として独り占めするとき、必ず禍《わざわい》が起こる。黄金や金属類は、いちど地上に恵まれたとしても、その圧倒的な輝きにおいて、大自然に戻して感謝するものである、という倫理的な直観が、太古から人間にはあったのではないかと思います。

金閣寺を燃やしてしまったことは罪でありますが、黄金を自然界へ返したのだと考えると、北欧神話やケルトの伝説と同じですね。三島由紀夫もあれほど緊張感をもって美的なものの表

＊7　信楽貞雄『すべては尊天にてまします』（くらま山叢書、1998年）。ただし、「魔王尊はお姿を見せませんが、感受性の強い人、鋭敏なアンテナをもつ人には、お姿を現してくださいます。ある人にとっては白髯を蓄えた修験者であったり、別の人にとっては十六歳の美少年であったり、ほかにもさまざまなお姿でご出現なさいます」ともある。

＊8　1925～70　小説家・劇作家・評論家。戦後の日本文学界を代表する作家のひとりであると同時に、海外においても広く認められた。代表作は『仮面の告白』『潮騒』『金閣寺』『憂国』『豊饒の海』など。

現にこだわった芸術家であり、地上の人間が得た最高に輝くものは、最後は自然へ戻すことが、美であり心であると考えていたのかもしれませんね。

物質と非物質の「あわい」にあるもの

鶴岡　世紀末と20世紀初めの芸術的な「黄金」というと、グスタフ・クリムト[*9]たちが拠点にしたウィーンの分離派館がありますね。ギリシャを模倣した白の神殿的な建築の屋根に、「黄金のキャベツ」と揶揄された装飾を戴いていて圧倒的です。これは、クリムトを支援していた鉱業資本家が、鉱物、金属つまり「黄金のスポンサー」としてクリムトたちの装飾芸術の進展を応援し、その結実として黄金の装飾が屋根に飾られました。

鉄では、フランスのパリではエッフェル塔が象徴的な存在となりますが、その時代、「金属のインダストリー」が西洋文明の邁進のシンボルとなる。ウィーンの街でも新建築の素材になっていきました。しかしそのメタリック、金属的なものは、たんに未来を約束するモノではなく、精神的なもの、思想的なもの、美学的なもののゾーンを支配するシンボルとなった。

なかでもこのウィーンの分離派館の黄金の屋根は、黄金などの鉱物資源を、たんなる材料ではなく、「地中に埋まっている太陽」とみなし、錬金術的な神秘思想を提示したのでした。

「天の太陽」と「地の黄金」が相照らす関係にある、という錬金術的なコレスポンデンスの考えかたを、近代のブルジョワジーの美的センスにもたらしました。つまり「工業と美」という一見、相反するものの合一を、黄金というマテリアルのふんだんな使用によって、クリムトたちは創造していったのです。

西洋のそうした黄金の探求の歴史は拙著『黄金と生命』に書かせていただきましたが、太古から人間が知っていたように、黄金は「腐蝕しない生命」の実体であり象徴とされてきました。クリムトたち資本主義時代の人間は、西欧世界のいきかたを新しい工業に託していくとき、あらためて黄金を、新たな永遠の生命を約束する金属として称揚しました。

それは社会全体が黄金を祀った、ソーシャルなネオ・ゴールデン・エイジの到来だったといえます。つまりクリムト個人が黄金好きであったのではなかったのです。ウィーンのブルジョワジーの欲望や憧れにむしろ応え、さらに創造的に、彼の作品の黄金の美は生まれていったの

＊9　1862〜1918　ユーゲントシュティール（象徴主義）を代表するゼツェッション（ウィーン分離派）の画家。黄金色を多用した豪華で装飾的な画面構成と、人物の顔や身体の写実的描写を混合させた独自の絵画表現を追求した。

でした。ですから彼の黄金は、たんに耽美的なものではなく、現実の西欧近代のインダストリアルな邁進力を夢見させた、「リアルな同時代の光の創造」にかかわっていたのです。彼らが黄金を直に扱う醍醐味は、永遠の未来を描き出したいという同時代の欲望に応えた、コンテンポラリー・アートでもあったのです。

有名な「アデーレ・ブロッホ＝バウアーの肖像Ｉ」(図6)や「接吻」という作品で、人間の身体部分は画面の1割ほどにしか表さず、ほとんどが黄金や装飾で覆われていますね。そういうゴールデンなミクロコスモスとしての絵画の創造というのは、ただならないことでした。ちなみに「アデーレ・ブロッホ＝バウアーの肖像Ｉ」の左隅に青い畳が描かれていますけど、これもたんなるジャポニスムの一角を切り取ったのではないわけです。

西洋にも黄金の文明史がありますが、錬金術の故郷はエジプトであると信じられてきました。黄金を霊的なもの、腐蝕しない生命として、永遠の光として精神化してきたヨーロッパ人は、オリエント、東方に黄金の思想と美の根源を見出してきたわけです。インド＝ヨーロッパ語族には黄金を探求する精神性があり、いまお話ししたようにその美を時代に応えて具現化したのがクリムトでしたが、黄金思想の大もとは、仏教のさらに大もとの古代インドの神々への讃歌である『リグ・ヴェーダ』にまでさかのぼる東洋のものでした。

地球上には、動物と植物と鉱物という3つの生命がありますが、「鉱物」は闇に包まれた大地から誕生してくる。そこから出現する黄金は永遠に腐蝕しない生命として、古代インドの人々は「黄金の胎児（ヒラニヤ・ガルバ）」という概念を生みました。その黄金としてこの世に生まれてきた子供が、仏教の毘盧遮那仏という燦然と輝く仏像にも成長していったといいます。ですから奈良の大仏もインドにもとをもつ「黄金の胎児」の後裔であるのです。

黄金への思いは日本にもとても古くからあり、縄文の赤い朱の漆も辰砂、つまり赤色硫化水銀で金属あり、物質を腐らせないはたらきをもち、「生命を腐蝕から守る鉱物」ですね。

黄金がほかの金属と決定的に違うのは、ミリ単位に引き延ばしても、どこまでも柔軟で、輝いていることですね。この点からみると、先ほど金閣寺のところでお話ししたとおり、どこまでも薄さや軽みに美を見出し、黄金を金箔にしてかぎりなく霊的なものに再び近づける、蜉蝣の羽根のような金箔の薄さに、聖なるものを感じる、そうした日本人の美的感覚の優れたところがここに浮かび上がってきます。そういう黄金観は、霊魂観、自然観、生命観に連動していて、金箔という日本の繊細な黄金美が今日いっそう際立つゆえんです。いわば日本には、「金箔霊魂観」ともいえるものが存在してきたということです。

鏡　サトル（subtle）ってことですよね。

鶴岡　そう、きわめて繊細なるものへの意識ですね。金箔の美は、金品であるモノとしかみられない金の延べ棒的なものとは真逆ですね。欧米の人々が、日本の金箔師が息を止めながら箔を貼っていくときの緊迫感、神聖な雰囲気に魅了されます。それはまさに金箔は物理的なのに、非物理の域に達した霊的なものであるからでしょう。

鏡 中間の「あわい」にあるもの。それこそスピリットを体現しているものですよね。スピリット、スピリタスというのは、物質と非物質の「間」なんですよね。

黄金の探求

鶴岡 近代、19世紀末から20世紀初頭にかけて、物理・科学が進んでも、キリスト教西欧の人々は、エーテルやエリクシールといった霊的なもののはたらきについてずっと心の中に抱いてきましたね。エーテルは神学では天体を構成する要素であり、また19世紀以前の物理学で光を伝える媒質のことを意味していました。なお古代ギリシャの哲学者パルメニデスは、エーテルを定義して「穏やかかつ希薄で、一面に均一に広がるもの」と言いましたが、これはいまお話しした金箔の状態にもあてはまるような形容ですね。いっぽうエリクシールも、錬金術で卑金属を貴金属に変えたり、人間を不老不死にする霊薬とされ探求されてきましたね。

この思想はたんに妖しいとすまされることではなく、人間が黄金と同じように「腐蝕しない生命」をなんとかつくりたいと探求し、この錬金術がやがて医学に発展していったのでした。黄金のような生命を生み出そうとする西洋の探求心には、日本人は負けてしまうほど大いなるものでした。

黄金のような永遠の生命の探求ということでいえば、いまから2400年ほど前にプラトンが『国家』で、天上的なところにすべての型、元、素があり、それが地上に降りてきて、地上の芸術家はじめ生きとし生けるものは、そのイデアをささやかにこの地上でかたちにするのであるとした。それはプラトンのイデア論、精神論ですよね。この世界は天上世界から降りてくる精と神によって、形づくられるのだという。

クーベルタン男爵[*10]がはじめた近代オリンピックで、メダルを「金・銀・銅」で揃えたのは、人間がそうした神々の領域の近くにいて、最も純粋な魂をもって生きていた時代を「黄金時代」と考えたプラトンたちの思想に則ったものでした。最もすばらしい演技をし記録を打ち立てたアスリートに「金のメダル」を授与するという発想をしたのでした。人間はやがてその黄

*10　1863〜1937　フランスの教育者で、近代オリンピックの創立者。国際オリンピック委員会事務局長、第2代国際オリンピック委員会会長などを務め、近代オリンピックのシンボルである五輪のマークも考案した。

金時代の神々から離れて「銀の時代」となり、争いをしはじめる「銅の時代」、そして鉄を獲得したら殺し合いを始め堕落していった。しかし黄金の純粋さ、美しさ、高貴さを真剣に議論したプラトンたちの思想が、要はオリンピック、パラリンピックの金メダルの意味につながっているのです（図7）。

アスリートというのは体力がある人というふうに現代人は考えるけど、そうした西洋思想を紐解けば、アスリートの身体に表現されるものは、黄金のように高貴な、腐蝕しない純粋な魂の活動なのだということなのです。「より速く（Citius）、より高く（Altius）、より強く（Fortius）」というように、人間が神々の近くにいた状態に飛躍して、「黄金の状態」に回帰する能力のある人が表彰台に立つわけですね。

そういう意味では、ニーチェのいう「超人」*11、スーパーマンとはなにかというと、天上世界から見て、神々の目から見て、神々の超越的なものに最も近い場所にいる人間という意味です。だからスポーツであれ、それは人間どうしの争いとか競い合いではないのです。

かつて人間界にもゆるされていた「黄金の状態」に回帰できるほどの、スーパーなものを目指す、という哲学や美学がないものは祝福されない。その意味で「セレブレイト」の本義は、地上でちょっと目立つとか金持ちになるとかの意味ではなく、黄金の状態を心身に具現しようと切磋琢磨し、実現する者であるゆえに、「神々に祝福される者」という意味なのです。

真の金メダルを得るには、日本人も世界人類として、プラトンの理想とした真の黄金的なるもの、魂をもって誇りを示せる人間じゃないといけないということです。物の黄金ではなく心身の黄金を探求できなければならないわけですね。それを神々は見ているぞ、という祭典がオリンピックということですね。

つまり以上お話ししてきたように、「金メダルを授与される」ということは西洋思想にそっていえば、大げさではなく錬金術や諸科学が探求してきた、「黄金のような不死を約束する高貴なエーテルとかエリクシールを授与される」ということに匹敵するわけです。だから、もしルネサンスのボッティチェッリが金メダルをデザインしたら、ヴィーナスの髪の毛のような黄金でつくったかもしれない。延べ棒のような秤《はかり》にかけるような重たいものではなく、むしろ金の物質性をそぎ落とした、かぎりなく軽みがあって光そのもののようなものを理想としたことでしょう。

またその探求を20世紀の芸術に照らしてみてみると、カンディンスキー、マレーヴィッチ、

＊11　ドイツの哲学者フリードリヒ・ニーチェが提唱した概念のひとつであり、そのような新しいありかたを体現する人類の呼称。彼の著書『ツァラトゥストラはかく語りき』で唱えられた。

モンドリアンや、思想家のシュタイナーといった巨匠たちが「神智学」に興味を抱き、つねに人間を超えた存在が与えてくれる霊力に関心をもちましたね。それを自分の感性のなかに育み、表現しようとしたことは、「黄金という不死の金属」を、少しでも人間が獲得したい、触れたいという、ヨーロッパの探求の歴史の延長線上に彼らもいると思えますね。

そういう思想でいえば、最も物質文明的な国だと誤解されているアメリカにも、その探求はあったのです。ウォルト・ディズニーは『ファンタジア』(図8)という傑作アニメで、ミッキー・マウスを錬金術師・魔術師に弟子入りさせ、目に見えない、手に触れることができない霊力を修業して身につけ、世界・宇宙に潜む第5元素(以上でお話ししてきたエリクシール、賢者の石にあたるもの)を探求するものとして登場させます。これはルネサンスにボッティチェッリが薫陶を受け霊感を与えられたネオ・プラトニズムの継承者としての、ディズニー作品が、20世紀に出現したと考えてもよいわけです。

最初にお話ししましたように、クリムトがリーダーとなったウィーンの分離派館は、ほとんど真っ白な神殿のような外観ですが、要所に黄金の装飾があしらわれているのが特徴なのです。クリムトはふんだんに黄金をその絵やデザインに用いました。美学的に突き詰めていったなら、いっぽうでは黄金の輝きを手にすると、それをいつまでも人間が持っていてはいけない、大自然へと還さなければいけないと考えたでしょう。まさに北欧神話のように。ですから

図6　グスタフ・クリムト「アデーレ・ブロッホ＝バウアーの肖像Ｉ」

図8　映画『ファンタジア』の切手

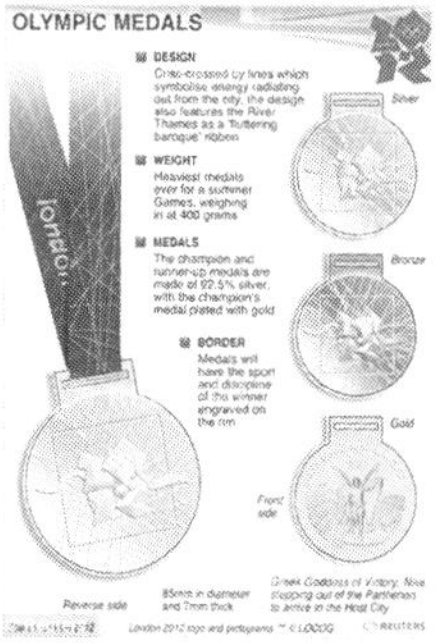

図7　オリンピックの金銀銅メダル

「アデーレ・ブロッホ＝バウアーの肖像Ⅰ」でも「接吻」でも彼の作品の黄金や金箔は、人間の領域ではなく、いつも絵のなかの主人公でさえ触れられないような、不思議な自然界に属している。そのような、魔術的ともいえる「地下の太陽」、黄金として表現されているのだと、私には思えるのです。

つまり黄金は闇の地下世界に潜まされているのがよく、人間の手に渡ると世界のバランスが崩れる。心ある人間はそれを直観していて、黄金は自然界に「お返しする」のです。アーサー王伝説では、湖の乙女にエクスカリバー（金属の利器）を返しに行って、3度目にやっと受け取ってもらうことができた。それは湖の妖精、精霊たちが、アーサーの本気を確かめたからだったのかもしれませんね。日本では生命を活性化してくれる佳き「贈りもの」をもらったら、「お返し」をする習慣がありますが、それは神話時代からのそうした神々への感謝とも通じているように思えますね。

鏡 返礼ですね。人間界だけに循環させない、いわばポトラッチですよね。財を蕩尽し、燃やしてしまう。

鶴岡 そのとおりですね。黄金を得たら、北欧神話、トールキンの『指輪物語』のフロドたちのように、自然界へ「お返しする」ために、長い旅に出る。

そう、黄金だけではない。金属もガラスも、釉薬《ゆうやく》が施された焼きものもすべて、大地の鉱物を人間が恵まれて得てきたものですね。それらは人間に光を与えてきてくれた。先史、古代、中世、近世、近代、現代まで、人間は、それらの光り輝くものに感動し、生命力をいただいてきました。

そういう意味でいえば、光を放つ素材の美学と生命論というのは、もっと関連づけて掘り下げていくべきものだと思えますね。人類の「黄金の探求」は、神話時代や中世で終わったのではなく、まだまだ「旅の途中」なのです。

金

土

土曜日　土星

熟慮の星、土星に守護されたあなたは知恵に満ちた人。実際的な感覚にすぐれ、現実生活の中で堅実に生きていくことができるはず。なかには特殊な才能に恵まれ、独自の人生を歩むことになる人もいます。

鶴岡　日本列島から一万キロ離れていますが、ユーラシア大陸を挟んで、日本と合わせ鏡になっている島がブリテン諸島です。そこはイギリスという国名で知られていますが、その諸島の西はアイルランドという島国で、英語を話すアングロ＝サクソン人の文化とは異なる、ケルト文化の国です。イギリスの北のスコットランドも、西部のウェールズも、その南西のコーンウォールもケルト系の伝統を守ってきた地方です。

　つまりイギリスは英語を話す人々が主人公のように思われていますけど、ブリテン諸島には紀元前600年ごろからケルト人が先住していました。しかしそこへ紀元前5世紀ごろに大陸から侵入してきたのが西ゲルマン人の一派で、それがいまの英語を話す人々の祖先であるアングロ＝サクソン人でした。つまりそもそもブリテン（諸島）という名称は、ケルト系のブリトン語を話す人々がいる島を指していた言葉です。そのブリトン人で最も有名な英雄がアーサー王でした。

　そうしたケルトの神話や伝承や民間信仰に映し出されるケルトの神話的な思考や想像力は、たとえば人間の住む土地と妖精の棲む場所の「境界」などへの畏敬の念に表れています。アイルランド語で「ラース」とは、地面の特別の場所で、その地下には妖精たちの棲家があり、その塚の上に人間が家などを建てようとすると、永遠に成就しないと信じられてきました（図1）。なぜならそこは地下と地上をつなぐ特別のスポットで、彼岸と此岸がつながっている出入り口であると考えられたからです。

考古学的な用語で土地を表す「サイト」は、特別の記憶が積み上げられた史蹟や遺跡を指していますね。たとえば近代ではウィリアム・ブレイク[*1]という画家・詩人が、ブリテン島の特別のサイトとして、ストーンヘンジやエイヴベリーの「メガリス（巨石）」を描きましたが、アイルランドのラースも、そうした人間には計り知れないなにかが、土の下と上に堆積している場所なのです。

堆積している場所ということからの関連では、人間にとって始まりの場所には「土」があります。土を耕すことから人間の歴史が始まり、土地をカルティヴェイトすることで、文化、カルチャーができていった。それはよいことでありますが、古代や中世や前近代までの人々は、土に人間が勝手に鍬《くわ》を入れて、そこになにかを建設などしてしまったら最後、土の生命は壊れ

＊1　1757〜1827　イギリスの詩人、画家、銅版画職人。「幻視者」（Visionary）の異名を持ち、『四人のゾアたち』『ミルトン』『エルサレム』などの「預言書」と呼ばれる作品において独自の象徴的神話体系を構築した。

てしまうと恐れてもいました。日本では現代でも人間が土地になにかを建造するときは、必ず地鎮祭をおこない、土地や土に宿る霊を鎮めるように。

つまり「アグリカルチャー」のアグリは「農」を意味しますが、そもそも農業では人間が自然を動かす主体なのではなく、土や収穫物は神々からの恵みでした。人間のための種まきや、人間のための収穫としてある以前に、土や土地への畏敬の念がなければ、恵みはもたらされないことを人々は知っていました。紀元前1世紀、古代ローマのウェルギリウス[*2]の『農事詩』にもそれは詠われていますね。しかし帝国下のローマ人は、土地をカルティヴェイトして、ヴィラ（大農園）で土を管理し葡萄や穀類を収穫していった。人間礼讃としての農事ともなっていきました。大地をカルティヴェイトすることによってカルチャーができる、物質文明や精神文化が芽生えるというのが、人間のストーリーです。そのいっぽうで、人間以前の存在に思いをいたして、不可侵の領域として土地や地球を尊崇してきた人々もいたのです。

中国で古い大帝のひとりが「神農《しんのう》」でした。神農は農業を人間に教えるとともにみずから毒草で患いましたから、土地の霊を畏敬し、過剰には土に触れず、すべては征服しないことが大切であると暗に示したともいえます。自然は不可侵の領域をもつ。土地が神々となり、人間を守ってくださるのだ、と初期の農耕民は畏敬の念をもちました。そうした場所がブリテン諸島の緑の野にいまも点在しているのです。

鏡　このラースは、全然、人工ではないんですか？

鶴岡　人工ではないと信じられています。ミステリーサークルも風がもたらす現象であるだろうけど、畑に同心円やスパイラルをつくるのはフェアリーの仕業であると信じられていますね。

鏡　グラストンベリーのトールとかもそうですけど、もともとあったものを、人が手を入れてこういう形にしていく、変移させていくということはしていないんですか？

鶴岡　たとえ自然に人間が手を入れることがあったとしても、それを、自然を征服したことと考えるか、それとも自然との共同作業であると考えるかで、正反対の思想になりますね。たとえばラスコーの壁画では、人間が手を加えるにしても洞窟の凹凸を牛の胴体に見立てたように、自然物を活用させてもらった、芸術的でダイナミックな共同作業でもありました。

そこでは土自身があくまで自然の姿形を保ちながら表現体となっている。オーガニックな有機的な自然の様態がそのまま生かされたのでした。しかしそれはナマの自然というより、人間

＊2　前70〜前19　古代ローマの詩人。『牧歌』『農事詩（農耕詩）』『アエネーイス』の3作品で知られる。自然と信仰をうたい、ローマの世界支配の偉大さを明らかにした。

の想念に見初められて、人間界と自然界の境界に再登場を果たす自然となります。土や巌が精霊的な野生と、人の手がほどこす人工にわたる存在となる。日本でもその土地の土を根こそぎ人間が奪ってしまうと、村ごと陥没してしまうといった、自然への畏敬の念を語るような伝承があると思います。アイルランドのラースへの信仰はそれと響き合っていますね。

✴ 憂鬱なる星の下で

鏡　うわあ、すごいですね。姿を見せない世界が、土地の形になって顕現しているという感覚でしょうか。霊的世界がこの世界に滲出してきているスポットとしての地形という感覚でしょうか。

「土」といえば、土曜日、サターン《サトゥルヌス》の日ですよね。土星は「Saturn」、農耕神なんですね。ギリシャでは「クロノス」で、ローマに入ったときに「サトゥルヌス」になっていきます。この土星も占星術ではその性質が歴史的に変遷してきて、これは土星の神をみごとに描いた絵ですけど(図2)、土星が支配星である水瓶座と山羊座が描かれている。土星の記号は平仮名の「ち」みたいなんですが、これは鎌を象徴している。土星はまさに農耕の星でもあり、

図１　ケルトの妖精の塚「ラース」

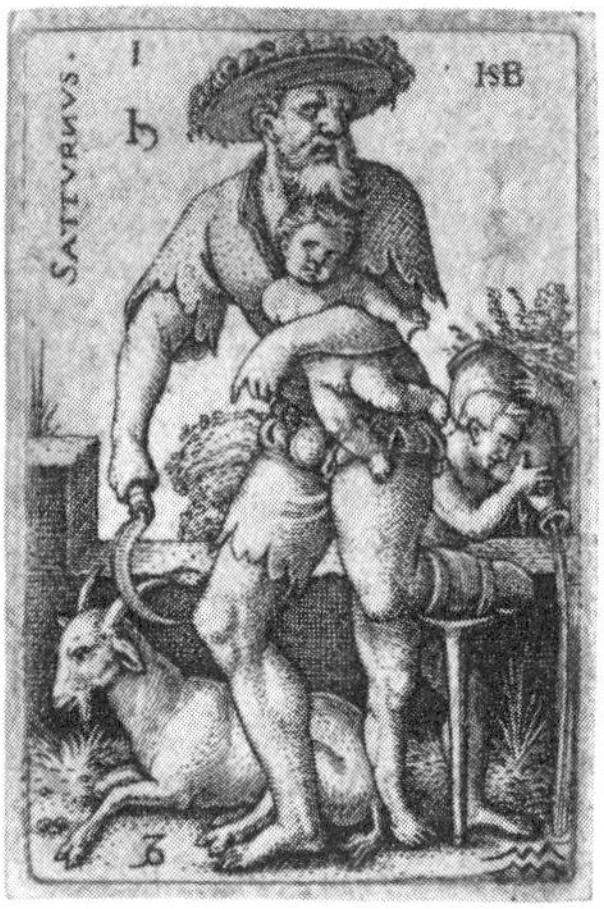

図２「土星」

それから目に見える天体、惑星のなかでは地球から最も遠い。土星はギリシャの哲学に従えば、冷たい天体だとされていました。ギリシャ時代の占星術、2世紀のプトレマイオス[*3]の占星術書でもすでに良くない星、凶星と呼ばれています。「土星と火星は……凶星（マレフィック）、つまり邪悪の原因である。前者は冷たさの、後者は乾燥の過剰によって」。

でも、サゥトルヌスは同時に、黄金時代の支配者でもあって、ローマ時代にアウグストゥスは、自分の星座である山羊座のコインを造らせたりしているんですね。[*4] それは、自分の権威が天からきたことを示す意味もあるでしょうし、山羊と一緒に豊穣の象徴である「コルヌー・コーピア」も描かれていて、山羊座の支配星はSaturnでもあるので、自分が黄金時代を再現させる、という表象として使っていたんだろうと思われるんです。

土星は、人類が農耕せざるをえなくなったのは、人間の力が大きくなるということであると同時に、自然と自分たちとのあいだに境界線をつくってしまったという両義的な意味を表す。人類が農耕せざるをえない存在になり、自然から阻害されたという。アダムにも出てくる発想ですけど、大地は農耕できる力を手にしてしまったという非常に両義的な存在として、土星のイメージが浮かび上がってきました。

鶴岡　サトゥルヌス以前、ウェルギリウスの『農事詩』以前は、そもそも土というのはフランク・ロイド・ライトが20世紀に生み出す「プレイリー・スタイル」にみられるように、人間の土は、草原（プレイリー）のように平らかな風景のなかで最初の触れ合いがあったと思います。けれども人間が鎌を持って立ち上がると、世界は3次元化され、立体的に人間を中心にどんどん拡大されて、平和でパストラルな田園的な環境が、いわば尖った三角錐になっていき、共同体同士でさまざまな緊張関係も生まれだした。人間はローマ人のように大農園で土地・土を囲い込んで、荘園をつくり、農業を経営していくことになりました。

しかしいまや、最初に鍬を入れることで土が叫び声を上げ、血も流しながらも、人間が耕作するのをゆるしてくれたことを思い出し、土の声を折に触れて思い起こすときにきていますね。「土の側に立った自然想像力」ともいうべきものを、もつことがたいせつですね。

「火」の章でも詳しくお話ししました、20世紀アメリカ建築界の巨匠フランク・ロイド・ライトの精神的原風景は、スカイスクレーパーが垂直に建つニューヨークではなくて、緑が多い大地でした。帝国ホテルのライト館の屋根もバルコニーも水平方向を強調し、水に土色の建物が

＊3　83年ごろ〜168年ごろ　数学、天文学、占星学、音楽学、光学、地理学、地図製作学など幅広い分野にわたる業績を残した古代ローマの学者。エジプトのアレクサンドリアで活躍した。

＊4　タムシン・バートン著、豊田彰訳『古代占星術』（法政大学出版局、2004年）参照。アウグストゥスのコインは大英博物館にも保存されている。

映し出されるデザインにチャレンジしました。平らであること、フラットネスとは、扁平という意味ではなく、穏やかなる「地」や「土」に憩うて、人間が大地に寄りそいながら生きる形なのです。

都会では人間は四角錐の緊張感のなかで生きていますが、死ねばまた、平らかなアルカディアに戻り、ライトのいうフラットで草原（プレイリー）のような園に帰っていく。アイルランドのラースも、異界とつながっているこの世とあの世の出入り口で、サウィン（ハロウィン）の夜にその扉が開くと信じられています。いわば生成し続ける墳墓なのです。崩しても、崩してもまた、その穏やかな緑の塚の形状を取り戻す。ピラミッドは緊張感のある四角錐の墓ですが、ラースはあくまで3次元化する前の穏やかな土盛りのお臍《へそ》のような微笑をたたえている。

鏡　勝手な感想なんですけれど、どこか奈良を思わせる風景ですよね。緑の平野に山とも丘ともいえない低い山があって。

最近、本で読んだのですが、狩猟採集のほうが農耕よりずっとエコロジカルなんですってね。つまり、自然、地球、大地に負荷をかけない。作物をつくって食べさせるには労働力が必要になり、人間を増やさないといけない。けれども、増えた人間を食べさせるためには耕地を広げないといけない、というスパイラルが起こっていたみたいなんです。でも狩猟採集だと人口は増えないけど、自然そのものにはそんなに大きな負担をかけないので、自然破壊もそんなに起こらないし、労働時間も短くて済むというんですね。

鶴岡　土星が呪われているといわれるのは、そうしたことと関係があるのでしょうかね？

鏡　黄金時代の神話を描いたのはまさにヘシオドス[*5]ですもんね。『労働と日々』がその最初に土星を置いたというのは、黄金時代の神様であり、そこから人類がスタートした。土星が境界線の守護者ともいわれるように。

ところで歴史的には土星のイメージは、「メランコリア」と結びつきますもんね。

鶴岡　「メラ」は「黒」の意味ですよね。

鏡　そして「コリア」って胆汁質なんですね。土星が強いとメランコリックな状態になって、これが黒い太陽と結びつけられる。

パノフスキーらに『土星とメランコリー』[*6]という有名な本がありますけど、ルネサンスの15

＊5　古代ギリシャの叙事詩人。前700年ごろに活動したと推定される。『労働と日々（仕事と日々）』の作者として知られる。828節からなるこの詩は、勤勉な労働を称え、怠惰と、不正な裁判を非難する。

＊6　エルヴィン・パノフスキー（1892〜1968）はドイツ出身の美術史家。北方ルネサンス研究で知られるほか、イコノロジー（図像解釈学）の理論化を進めた『土星とメランコリー』はフリッツ・ザクスル、レイモンド・クリバンスキーとの共著（田中英道監訳、榎本・尾崎・加藤訳、晶文社、1991年）。

世紀に、土星にたいして解釈の大転換が起こるんです。その中心的な役割を担ったのが、ボッティチェッリに影響を与えたフィチーノだといわれているんです。フィチーノは自身が土星の影響を強く受けて生まれたと信じていたんですが、実際にホロスコープもそうなんです。土星のもとに生まれるとメランコリー体質になり、メランコリーが「黒い胆汁」だという考え方は17世紀までありました。

人間の体液には黄色い胆汁と、粘液と、血液と、黒い胆汁の4つがあって、これがいろいろな星、4つのエレメントと対応し、季節に対応し、そして惑星と対応する。メランコリアが形になると、メランコリックになり、憂鬱になり、鬱病になるんです。それにたいしてフィチーノは、太陽の光を浴びなさいとか、すてきなワインを飲みなさいとかいろいろな対処法をしていくんですけど、メランコリーと土星にたいして解釈の大転換を起こす。メランコリーというのはじつは、哲学者や思想家の資質だというんです。要するに、単に根暗なだけではない(笑)。土星は地球から最も遠い天体なので、最も神の領域に近いと。だから、メランコリーこそ考える人の象徴であって、そのことをデューラーも援護しているんですね(図3)。

中世くらいから、頬杖をつくのは暗い人のポーズで、メランコリア体質を表象するんですけど、ただ暗いだけじゃない、かっこいい天使になっている。おそらくロダンの「考える人」のポーズの系譜につらなる。「考える人」というのは、いわばメランコリア体質なんでしょう。

この絵に出てくるいろいろな象徴、記号は、いまでもわからないことがたくさんあるんですけど、窓みたいなところに数字が入っているのは「マジック・スクエア（魔方陣）」なんです。拡大すると数字が入っているのがわかるんですけど、縦、横、斜めをどう足しても全部同じ数字になる。

これは、伝統的に7種類知られていて、4マス×4マスのものは木星の魔方陣なんです。土星は根暗な星なんですけど、木星はジョバイル、陽気な星なので、これでバランスをとろうとしている。魔法をかけているんですね。ハインリヒ・コルネリウス・アグリッパ*7のような魔術師のテクストにも出てくる有名なもので、ルネサンス絵画に魔術が仕込まれているということでもあり、土星的なメランコリーを中和させることの象徴でもあるんですね。

鶴岡さんの話を受けて勝手な連想をすると、土星は人類のカルティヴェイトの興りであって、自然と自分たちをある種、境界づけてしまったという原罪感とつながりがある。とするな

*7　1486〜1535　ルネサンス期ドイツの魔術師、人文主義者、神学者、法律家、軍人、医師。ケルンに生まれ、フランス、イギリス、イタリアなど各地を渡る。オカルト、錬金術、占星術に通暁し、神聖ローマ皇帝マクシミリアン1世には軍人として仕えた。

ら、思考をどんどん発展させて上を目指す、三角錐の上を目指していく方向性というのは、抽象化に向かう土星の思考力だから、それにたいして陽気さを取り戻すことが大事だともみえる。また土星の制限という意味で考えると、『ファウスト』*8のテーマじゃないですけど、人類は人間の知性や技術にたいして、自分自身どこかで土星的な禁欲をしなければいけないんじゃないかという両義性が表れているようにも思える。

ほかには、砂時計は時間の象徴で、コンパスや天秤は幾何の象徴、フリーメイソンの儀式に出てきそうな形になりきってない石が描かれています。

土にたいする畏怖

鶴岡 そして、この絵はウィリアム・ブレイクの「アダムの誕生」(図4)です。アダムは土塊《くちくれ》から創られたわけですけど、アラム語で赤土は「アダマー」といい、そこから「赤土の人＝アダム」と呼ばれたわけです。その赤土はなにかというと、土はミネラル物質で大地から採れる鉱物ですから、聖書においては人間も土・鉱物からできたわけで、さらにその人間は金属の利器をつくっていくわけです。

「創世記」において、神による宇宙自然の創造や人間の始まりを原初から辿って描こうとし

図3　アルブレヒト・デューラー「メランコリアⅠ」

図4　ウィリアム・ブレイク「アダムの誕生」

土

た人たちは、その赤い土を「黄金」と同義の、腐蝕しない生命の表象であると考えてきました。つまり、キリスト教にとって、土は人間の始まりでありながら、人間はある過激さをもって、鉱物から鍬やスコップや剣などの利器をつくりだし、自分の肉体の故郷である「土」に、金属の鍬を入れ、土や大地にたいする感謝を忘れていった。故郷の畑を忘れてしまった人のように。皮肉なことに、大地から採った鉱物＝金属でつくった道具で、大地の腹を切り裂いた。

しかし土は最初の人間をくださった、ということが「創世記」のアダムの誕生に記述されているわけです。つまりこの世の始まり、世界の始まりは、人間からのストーリーではなく、あくまでも「土からのストーリー」なのです。

アダムとイヴは人間の父と母であるというけど、人間の父母の父母は「土」や「水」である。私たちがこの本で、天体やそのシンボリズムについてお話ししてきた、「水金地火木土」や「日月」は、人間という生き物の父母であり、祖父であり祖母である。そういうスケールで人間存在と天体と地の関係を考える意味深さを示している。それが本書のミッションであり、むしろこのことを思い出させるために、神による土からのアダムの創造の瞬間があるのかもしれません。私たち自身も赤い土の人なのだ。私たちも、土偶であり、土器であり、土鍋であり、いろりの土であるということです。

２００９年にロンドンの大英博物館で「土偶展（The Power of Dogu）」がおこなわれました。国宝の「縄文のヴィーナス」を含む60点以上の土偶や土器、縄文関係の遺物が展示されました。アングロ＝サクソンの、ケンブリッジ系の優れた考古学者の人たちが、日本語の「Dogu」という言葉を用いて展覧会のタイトルとしたのです。私も大英博物館でのシンポジウムでお話しさせていただき、サイモン・ケイナー氏が中心になられ、日本への里帰り展も成功させました。ケイナー氏はこの一回の展示だけで終わらせずに研究を継続されていて、ブリテン諸島から日本列島までをつなぐ考古学の壮大な旅のなかで、国際的なメンバーでレクチャーをやっていきたいという夢も語っておられます。

西洋人はメランコリーの黒い胆汁的な抽象的思考を得意とする人々であるけど、この土偶の大規模な展覧会がロンドンで開かれたことを思うと、それはたんなるプリミティヴ・アートへの関心を超えて、金属以前の「土」にたいする畏敬や興味を回復させ、探求したいという情熱が西洋の人々にもあることがわかります。

＊8　ドイツの文学者ゲーテの代表作とされる長編戯曲。全編を通して韻文で書かれている。2部構成で、15世紀から16世紀ごろのドイツに実在したといわれる錬金術師ドクトル・ファウストゥスの伝説を下敷きとして、ゲーテがほぼその一生をかけて完成させた大作。

さらにいうと、昭和の特撮大映映画で有名となった、埴輪を巨人化したような「大魔神」像は、金属でできたメタルな「鉄人28号」よりも、ずっと不可思議で怖い感じがする。「土」はやはり、ものすごいですね。

鏡　その怖さは西洋人にとって、「ゴーレム」に表象されますよね。土塊の人形に人工的に命を魔術で吹き込んでしまう……だから、まさにアダムの影。土でできた巨人が、「אמת」(emeth)の「א」(e)の1文字を消すと崩れてしまう。それで、消した人が下敷きになって死んでしまう。ゴーレムの怖さってフランケンシュタインの怖さにもつながっていくと思うし、嘘物の土なんです。だから、自然じゃなくて、人工の土に対する怖さですよね。[*9]

鶴岡　泥の闇から生まれ、しかし朝になれば、泥の痕跡も見せないほど輝いている。古代エジプト人がナイル川の泥から生えて朝日に向かって清々しく咲く睡蓮を、光の花として崇めたことが思い出されますね。つまり、逆説的なのですが、物事は、「泥」のレヴェルまで下ろしてこないことには、「光」も見えてこない。

「もっと光を！」と言ったゲーテが、黄金を扱ったファウスト的世界で考えたのはこういうことだと思うのです。「闇＝泥」からしか「光」は生まれないと。

もうひとつ、ゴーレムはアダムの影であるということでいえば、ほとんどの神話が「洪水」というものを記憶し語り継いでいます。土（安定していた陸地）が水に流されてしまう恐怖、

「陸の世界」が「水の世界」に溶解してなくなってしまうという畏怖と警告を含んでいますね。しかしそこにノアの箱舟の奇跡が起こります。アイルランドにもひとり生き残った男の神話があり、その困難から再生していきました。

「泥」というヒューレー

鶴岡　フランス人は近代の植民地経営の時代からモダニズムの時代まで、「メカニズムが未開の土砂の大地を征服していく」という西洋の信仰を、パリ・ダカール・ラリーという自動車競技で果敢に挑戦してきました。パリをスタートし、黄金色のアフリカの砂漠を、最速のマシンが駆け抜けて一番を競う。けれどもそれは容易ではなく、最初はピカピカのかっこいいメタルの自動車が、土まみれになり、タイヤは砂にとられ、遭難はしないまでも埋まってしまったり

*9　カバラーにおけるゴーレム伝承についてはゲルショム・ショーレム著、小岸昭・岡部仁訳『カバラとその象徴的表現』(法政大学出版局、1985年)第5章「ゴーレムの表象」に詳しい。

する。西洋人にとってそれは、広大な野生の砂漠を、西洋文明のメカ（機械）の力で乗り越えていくという、人間文明による自然征服のショーであり修業であるのです。

この高価なスポーツ、競争には、砂や土、泥に足をとられたいという、チャレンジング、かつ、マゾヒスティックな西洋文明の性格が秘められている。なぜならフランス人は、アフリカにたいして、植民地経営以来、とても親和的なインティメイトな情感を抱いてきました。砂漠を駆け抜けるスポーツに、金属のクルマで土砂を征服することは、力の誇示を超えて、アフリカや中東の黄金の砂にまみれるという美学さえもっているのかもしれません。しかしいっぽうアングロ＝サクソン、イギリスのアラビアのロレンスのように、中東に乗り込んでいったモダンなリーダーは、土砂に足をとられるのではなく、砂漠の国々を近代化することに貢献したという自負をもっていました。ここでしかしフランスにもイギリスにも共通していたのは、西洋がアフリカやオリエントの土、土地を支配するという野望でした。

けれどもそれは対立を生み、現在の中近東情勢など、結局は西洋の植民地経営が、第三世界の土や砂に足を取られてきた歴史が浮かび上がって、さまざまな困難が噴出しています。クレイ（土）とメタル（金属）が対立軸となって、戦いを生んでしまったのです。

私たち日本人は、アジアの民であり、揺れる島国の大地の住人ですから、太古から、土よりもっと深いところに泥があることを知らされてきました。日本神話では、イザナギとイザナミが矛で泥のような混沌をかき混ぜて「国産み」をおこなったことが物語られていますね。

日本の古代といえば、奈良市に立派な記念館がある写真家で、大和の仏像や風景写真で親しまれた入江泰吉[*10]に、飛鳥川を母と少年の息子が渡っていく昭和30年代のモノクロの作品があります。水や土や草の匂いのする名作です。飛鳥は日本文化の始まりの地であり、湿地から「和同開珎」より古い「富本銭」が鋳造されていた工房跡が見つかっています。明日香村の「万葉文化館」の敷地でそれを見ることができます。それは土から生まれた金属の遺産です。

すなわち英語で鋳造することは「mint」といい、「心 mind」とも関係している語ですよね。お金は金属ですけれど、よく心で考え土や泥を集めて鋳型をつくらないと、貨幣もできなかった。つまり私たちの生活を支える貨幣、コインも泥土の胎内から生まれてきたのです。物々交換を超えて、貨幣経済は、「土という母から生まれた」ともいえますね。

鏡 価値の抽象化にはベースが必要だと。

日本にも神道や仏教などいろいろあるように、魔法にもさまざまな種類があって、発想が全

＊10　1905～92　奈良県出身の写真家。大和路の風景、仏像、行事などの写真を一貫して撮り続け、写真集を数多く出版、高い評価を受けた。全作品のフィルムを奈良市に寄贈し、92年に「入江泰吉記念奈良市写真美術館」が奈良市高畑に開館。

然違うんです。

アーサー王の研究家にジョン・マシューズとケイトリン・マシューズっていう人気作家がいて、アーサー王にかんする本が何冊か日本語に翻訳されているんですけど、この夫妻が魔法の教科書も書いていています。このケイトリンさんはネオ・ケルティック・シャーマニズムの実践者なんです。在野の学者でもあり、同時に実践者でもあるというユニークな方がた。

その魔法の教科書は『ウェスタン・ウェイ』、「西洋の道」というタイトルなんですけど、いま1巻本になっていますが、もともと上下2巻だったんですね。その上巻が、「ネイティヴ・トラディション」、2巻目が「ヘルメティック・トラディション」で、その「ネイティヴ・トラディション」というのが、大地を大切にする魔女の伝統や、シャーマンの伝統だったりする。シャーマンといっても土着の人たちのものですから、「アースマジック」というか、「アースミスチュリーズ」なんですね。もうひとつは「ハイマジック」といって、新プラトン主義やカバラーといったものから離れて、より抽象化した、精妙な世界に人間を進化させていくというもので、それらを総合しようとしているんですね。アーシーな大地へのつながりの、つまり「土着」(ネイティヴ)なものと、星の高みを目指すハイマジックの両方に目配りをしているという……。

古代ギリシャのオルペウス教の密儀では、私たちの体は土とか、巨人の残骸からできているけど、魂は星からきていて、そのアマルガムはハイブリッドなんだと。でもそこでいわれていることは、どうやっても星からきた精妙なもののほうが、価値が高いというふうに考えがちで、人間は星に向かって行きたがる。アポロンは光の象徴ですから、「アポロ計画」なんてまさに象徴的だと思うんです。

でもそれだけじゃ危ないんじゃないかと、「泥」というヒューレーである私たちに歯止めがかかる。そういう人間になる前の質料、原材料のほうに生命力の根本があるんじゃないかという発想をする人も同時にいて、それが西洋でもときどき現れてくる。ユングなんかその典型例だと思うんです。ユングは集合無意識のほうが意識より先にある、要するに原材料、「プリマ・マテリア」が先にあると考える。そこから意識が分化して、個別性が生まれてくるというんです。けれども、フロイトは意識が最初にあり、その意識に収めることができないものが沈殿していって無意識が形成されるというふうに考えているようですから、だいぶ違うわけでしょう?

✳ 汚れをいとわないということ

鶴岡　そうですね。たとえばゴシック様式の大聖堂は、中世ヨーロッパで最高峰のキリスト教建築になっていきます。古代・中世の人々は、石で造られている大聖堂も、神聖な幾何学によって精神化された非物質であり、大聖堂で祈る人々は、この特別の透明な聖堂において、神との神秘的合一を遂げることができると考えました。信仰をもつ人々にとっては、物質的な地上の建築も、純粋な音楽や光と化したものだったのです。

そして時代を経て、1930年前後に世界一の経済大国になったアメリカのマンハッタンに次々に建設されていった摩天楼は、このゴシック様式からデザインを借用したものでした。抽象度が高く、天を突くその造形は、中世の大聖堂がモダンになっただけで、じつに西洋キリスト教の思想を引き継いだデザインとなりました。

いっぽう、その1930年より前から、フランク・ロイド・ライトは、そうした天を衝く垂直的な建築ではなく、もういちど、地上のほうに回帰していく、いわゆる草原様式（プレイリー・スタイル）の建築をつくりました。彼の建築は、平らかで、土に接触し、親しみのある水平感をたたえて、大地を掴《つか》んでいる。それはモダニズムのデザインがたんに抽象的で、幾何学的でクールであるという思い込みを打破してくれます。ライトが設計した帝国ホテルのライト館も、アーシーな土色が支配しており、むしろ、ものすごく泥臭い色彩や原始的な嗜好でつくられたのでした。

また、ヘルメス神というのは、A地点にあるものを商業としてB地点に移動させる商業の神であり、死んだ人の魂を天上世界に運ぶ神でもあり、翼が生えたサンダルを履いています。クラシック・バレエとモダン・ダンスの差異はなにかというと、クラシック・バレエはコスチュームも含めて、ヘルメス神のように、いつも翼のある靴を履いているかのごとく、「天」に向かっていかに純粋な魂となって上昇するという、天へのヴェクトルを身体で示す芸術です。

ですからクラシック・バレエのプリマは、自分でジャンプし、さらに補助役の男性のダンサーに持ち上げられています。なぜあのように、終始、飛び上がらねばならないのかというと、それは、西洋キリスト教の伝統と、19世紀のロマン主義の美学において、あくまでどこまでも「天上世界」に向かいたい人間の魂を表現する代表であるからです。クラシック・バレエでは、チュチュも真っ白で、その真っ白なチュチュに表象される「純粋さ」が、「大地」と反対の「天上」へと向かって飛び上がろうとする。その姿に観客は、憧れ、うっとりするのです。

しかしいっぽう、20世紀のモダン・ダンスのピナ・バウシュ*[11]などは、裸足で土や水に触れる。

土

汚れることをいとわず、大地と接触して踊りました。クラシック・バレエが向かった「天」と、モダン・ダンスが意識化した「地」は、向かうヴェクトルが異なるのです。

鏡　以前、妖精と天使の違いについて井村君江先生[*12]にうかがったとき、たしか、「天使は鳥の羽をつけているけど、妖精は昆虫の羽なの」っておっしゃったように記憶します。「鳥は高くにいくけど、昆虫はそんなに上まで行けないでしょう？」って。ワイヤーアクションじゃないんだと。

鶴岡　あくまで昆虫たちは、地に足をタッチしつつ飛ぶのですね。

鏡　これは地球圏の図なんですが（図5）、体までが生態系ですよね。その先はメカニカルな世界で、抽象的なサイエンスの世界。要するに生態系から人間が出ちゃったということですよね。でも、先にはやっぱり行けないだろうし、でも宇宙の理を見てしまった。抽象的な法則性というのを発見できたということなのかな、と。こっちも地球ということなんですけど、昔の世界観なんですね。

これは宇宙のコスモスのなかに我々がいて、なんだかんだといっても、こっちの外側の世界もスピリットの霊的なものが満ちていたような。で、地球が真ん中にだーんとあったわけですよね。ところが、頭を出してみたらそうでもないことがわかっちゃった。生態系に生きざるをえない我々と、抽象化した数学的な宇宙を知ってしまう人間のパラドクスみたいなものを表しているようです。都市に生きていると、生態系に僕たちの身体が属しているということを忘れがちですけれど、やっぱり「土」としての身体から僕たちは自由になれないことを、覚えておかなければいけないということなんでしょうね。

＊11 1940～2009 ドイツのコンテンポラリー・ダンスの振付家。演劇的手法を取り入れた独自の舞踊芸術は演劇とダンスの融合ともいわれ、彼女自身は「タンツ・テアター」と呼んだ。

＊12 1932～ 英文学者・比較文学者。ケルト・ファンタジー文学研究家。うつのみや妖精ミュージアム名誉館長。著書に『ケルトの神話』『「サロメ」の変容』『妖精学入門』ほか。

土

図 5　地球圏

地球

✳「常若の国」からの帰還

鶴岡　アイルランド語で「ティール・ナ・ノーグ　Tír na nÓg」は「常若の国」という意味で、現代でも伝説の絵本やアニメのタイトル（図1）や、音楽グループの名前として広く知られ生きていますね。そこは「異界」であり、アイルランドの神話ではダーナ神族が棲んでおり、また冒険や航海譚では、オシアンたち主人公が訪ねる、若さ、豊かさ、楽しさ、美しさの永遠を秘めた異界として物語られてきました。

たとえば現代人は人間を中心に考え、自分たちのいるここが最高の文明のセンターなのだと考えています。けれど、古代や中世の人々は逆に、真の光が当たっている場所は、海や湖の底にあるのではないかと考えたかもしれません。この世が光の当たる場所で、あの世・異界は暗いという考え方とは、逆の世界観です。

昔の人々は非科学的で無知であったのではなく、地球を近代的にとらえる以前は、そのように裏返しの見方で、人間の生命や地上を、客観化し相対化して見ることができていた。なぜなら彼らにはつねに「神々の目」がはたらいていて、信仰と自覚があったからですね。神々の目とは「大自然の摂理」といいかえてもよいと思います。古代人や中世人のほうが、ずっと人間の運命を見つめ、自然にそって生き抜く大人、ダイナミックな世界観の持ち主であったと思えるのです。

鏡　目に見えるこの世界、つまり地球は、俗なる人間だけのものではなかった。ブライトネスとダークネスみたいなものが共存しているというか。オーソドックスな西洋では、それが垂直方向のヴェクトルとしてはっきりと分かれる。ダンテの『神曲』はそうですよね。地球のど真ん中に地獄があり、地獄の上に煉獄の山があり、そこで浄化されて天国にやっと入っていける。

けれど一方で、霊的世界と現実界がもっとあいまいな、うすい境界でおり重なるような世界観もあって、「ティール・ナ・ノーグ」はこれですね。とはいえ、近代に入ってからは、そういう見えない世界が物理的には存在しえないというふうになっているじゃないですか。目に見えないスピリチュアルなリアリティというものを、近代的な枠組のなかで語ろうとすると、深層心理学に翻訳されているという気がするんです。神様や妖精は心理学的イメージなんだという。神話的世界は内的世界の象徴だとして、かろうじてリアリティをもたせている。

ここで思い出すのは、トランス・パーソナル心理学のファウンダーのひとり、ケン・ウィルバー*1。彼はユングを大いに評価しつつも、批判しているんです。どういう批判かというと、人間の発達段階には「プレ・パーソナル」と「トランス・パーソナル」があって、プレ・パーソナルな状態とトランス・パーソナルな状態は、健常な意識状態だと区別するのが難しい。しかし、仏教の悟りみたいな状態やシャーマンの高度な意識状態と、精神異常者みたいなものとをごっちゃにしてはいけないと。残念ながらユングはそれを混同したというんですね。つまり、アーキタイパルで一見霊的に見えるものを、ユングは全部「元型」として区別しないでいた。でも、たんなるお母さんコンプレックスみたいなものと、そうではないスピリットのアーキタイプをほんとうは分けて考えなければいけないんだという主張ですね。ウィルバーはその意味で垂直系でしょう。現代のダンテ。まあ、それは理屈としてはわかりますが、僕はそれが気に入らなくて（笑）。神ならぬ私たちがどうやってそんなもの分けられるのと。あんまりはっきり分けたりするのはかえって胡散臭《うさんくさ》い気がしてしまいます。

ほんらいそういうものは分けにくいし、分けにくいことじたいがベースにあるんだという発想のほうが僕は好きなんです。プレもトランスもともに生み出す、母体《マトリクス》としての地球。

鶴岡　なるほど、分けがたいですね。話を「常若の国」に戻しますと、『アーサー王物語』で、アーサーが最後に渡る「アヴァロン」も一種の「ティール・ナ・ノーグ」だと思えるのは、アーサー王がモルガン・ルフェーという異父姉である妖精に、瀕死の状態でそこへ誘われ、癒され、眠りに入った島だからです。「眠り＝ヒュプノス」は古代や中世の人たちにとって「死＝タナトス」であり、眠りと死は同一なものであると考えられた。息を吹き返して生に戻るためには、いったん眠らねばならない。生きるため、生き返るためには、死を通過しなければならない。この世の本拠「地」に帰還したければ、いったん常若の仙境である島で眠り、目覚め、蘇ることができるのだ、と念じていたのだと思います。

「ティール・ナ・ノーグ」の「オーグ（若い）」という意味も、21世紀人が考えるような単純なものではなかったことでしょう。簡単に「若さ」に戻れるというものではない。「若い」ということは、錬金術が探求した黄金のように、腐蝕しない生命の状態であり、より高貴で、より柔軟な生命に昇りたいという願いが込められた真摯な思想なのです。

また、アーサー王のアヴァロン島での「眠り」は、もしかしたらこの人間界、地上への批判のようなものも含んでいるのかもしれませんね。アヴァロンでアーサー王が癒され、眠りについているというのは、いっぽうでは「あなたはこの常若の島での眠りから覚めて、ほんとうに人間の地上に帰りたいですか?」という覚悟の問いも潜まされていることでしょう。アヴァロンのアーサー王は、人間界の愚かさも栄枯盛衰や老いや衰微という人間の運命を客観化できる、ひとときの眠りに入ったのだともいえます。

＊1　1949～　アメリカ合衆国の現代思想家。インテグラル思想の提唱者。オクラホマ州生まれ。代表作は『進化の構造』『科学と宗教の統合』。ユング批判はたとえば『万物の歴史』（大野純一訳、春秋社、2000年）などを参照。

つまりこうした神話が生まれたヨーロッパの古層には、現代人のように、完璧に治癒して復帰することばかりを利己的に望むことはしないという、心のありかたがあったことでしょう。難しいことですが、病や死を徐々に受け容れること。深傷を負い瀕死の状態のアーサー王が、アヴァロンに誘われるというストーリーは、浄土へ身を委ねた人間の物語であるともいえます。ティール・ナ・ノーグやアヴァロンという彼岸では、ハンモックで心地よく寝ていられるのですと、死にゆく人を癒してあげたいという心が、こうした神話の根っこになかったとはいえないのではと思えます。

さらに、現代人は生と死を壁で遮断しようとしてきました。が、この世とあの世を「交通させる」思考をもつことを伝統社会では知恵としていた。アヴァロンで続けられている「アーサーの眠り」は、厳しい死を受容するための哲学を現代人に問いかけているのかもしれません。浦島太郎のように、あせって地上に戻りさえしなければ、永遠に、あるいはしばし安らぎ、若くいられるのだとも告げている。

鏡 寂しくなって帰ってきちゃうみたいな(笑)。

鶴岡 寂しさを感じないで「ティール・ナ・ノーグ」や「アヴァロン」に滞在する心の豊かさと覚悟とを、私たちは問われているのかもしれないですね。

鏡 美魔女批判ですね(笑)。

図１「オシーンとティール・ナ・ノーグ」（アニメより）

鶴岡　この世で永遠の若さを保ちたい欲望は難しいですね、と。

✳ インテリジェント・デザインの行方

鏡　でも、不老への憧れというのはやはり強烈にあるわけで、テクノロジーの進歩はそれを可能にするかもしれない。

最近、オーストラリアの航空会社の機内誌の広告を見て驚いたのが、若いうちに血液を採って、遺伝子を残しておくんですって。それで、歳をとってからその細胞を使って、自分を治療できるというんです。あなたは歳をとるけど――。"You will aged but gene will not..."みたいな広告で、そんなことできるの？　テクノロジーが魔法を追い越す時代がきています。

鶴岡　現実の厳しさでは比べものにならなかった古代や中世の人々は、この地上から違う場所へ旅して、その別世界を夢見ていたと思いますが、それは裏を返せば、現世の、この地上では不可抗力なことがたくさんあることを深く認識していたということですね。

鏡　でも、星まで全部、世界なんですよね（図2）。アグリッパの魔法の本なんかもみんなそうなんですけど、3つの世界から成り立っている。地上圏、天空圏、さらにその先の超天空圏。

要するに星の世界ですら、存在の極地ではない。インテリジェンスというと、魔術用語では「知霊」と訳されることもあり、惑星の霊たちをさしますが、それですら天空圏です。その上の、まったきアブストラクトな世界というものが想定されているというのが日本人にはわかりにくいですよね。ユングの元型の概念は、こういうプラトン的なイデアを源流にもちながら、感覚世界までもおり重なってカヴァーしていく広がりをもっているのだと思います。

ユングはかなり水平的というか泥臭いところもあるけれど、ティール・ナ・ノーグとか、あるいは日本的な水平方向の広がりの世界とは、西洋の世界は趣がだいぶ違いますね。

鶴岡　そうですね。西洋では合理主義のモダニズムでもそれが動力となりました。モダン・デザインの金字塔を打ち立てたバウハウスのデザインは、抽象的な形を生み出すときにも、実用のものを生み出すときにも、神秘主義的な「知」を研ぎ澄ませましたね。つまり純粋な幾何学は、物理的なものの組み立てではなく、神の英知であるとまで考えた一群もいました。こういうスプーンの形、こういう三角、こういう正円という幾何学を、神聖なものとする知は、古典古代とキリスト教文化の伝統の延長線上で20世紀に起こったところが深いですね。

モダニズムのなかの幾何学、私たちが毎朝コーヒーを飲むときに使うカップのデザインも、じつはモダンな効率主義、合理主義が無駄をそぎ落としたかたちなのではなく、かたちというものを神の英知としてとらえる、宗教性を支えとしていた思想もあったことを忘れてはならないでしょう。

そのいっぽうで、わが国には縄文以来の、複雑な自然的なかたちの生命への直観がありますね。たとえば真鶴半島に中川一政美術館[*2]があるんですが、その小さな半島は小田原城主が原生林のなかに松を植え、原生的な複雑な自然のかたちを残して生かしてきた。いまでも、樹木の枝がからまりあう、荒ぶる自然林になっている。葉脈や枝葉や幹を自由に伸ばしていく世界がわが国にはあるわけです。

鏡 複雑系の哲学。

鶴岡 秩序的な自然を表すのではなくて、解読不可能なきわめて複雑な形を重んじる。一神教的なエスタブリッシュメントという到達点はない。解けない答え、自然がそこにある。

鏡 つまり、設計者がいないということですか？

鶴岡 そうですね。20世紀の西洋音楽にも、音符というもので設計された世界、唯一神によってデザインされた世界にたいして、偶然性を重んじ、4分33秒の作品を「弾かない」という、ジョン・ケージ[*3]のような音楽家が出てきましたね。しかしそれもまたサイレンス、無音、沈黙という西洋のインテリジェンスの延長にあり、神の沈黙ともいえるのかもしれない。音符が数字だとしたら、それを神秘的な不可視のものとして、いったん隠れさせ、その敗北感のもとに、もう一度神の所在を探る旅に出る、チャレンジをしたのかもしれません。

鏡　世界と人間を表すこの絵（前章図5）の限界は歯車で考えているということですよね。コンパスとか天秤とか、計量可能ななにかで。デミウルゴス、つまり設計者としての神。一神教の神が、私たちが近代的に考えている設計者としての神かどうかというのは、じつは大きな問題だと思ってきたんです。

そういえば、このあいだ見たテレビの科学番組でほんとうに感動した話がありました。若い科学者の研究で、進化論をコンピュータ上でシミュレーションするというのを見たんです。最初に初期状態だけ設計しておいて、自己増殖をする人工的な「生命」をつくる。それらは自分のコピーをつくりますが、ちょうど実際の生命と同じようにたまに少しの「ミスコピー」、つまり変異をするようにしておく。それらがそして、小さな生命をいくつもつくっておいて、「生態系」をつくるんです。たとえば、最初に動きがスローな「生き物」をたくさんつくっておく。それは少しずつしか動かない。それにたいして速く動く「捕食者」をプログラムして入

＊2　神奈川県足柄下郡真鶴町の、県立真鶴半島自然公園内にある、樹木に囲まれた町立美術館。真鶴町にアトリエを構えた洋画家・中川一政の絵画や書などを展示。1989年に開館。

＊3　1912〜92　アメリカ合衆国出身の音楽家、作曲家、詩人、思想家。実験音楽家として、独特の音楽論や表現によって、音楽の定義をひろげた。「沈黙」をも含めたさまざまな素材を作品や演奏に用いてる。

れておく。もちろん、多くは逃げ遅れて食べられちゃうんですけれど、生き残った「生命」がミスコピーを何度か繰り返し、世代を何千とつないでいくうちに、最初は少ししか動かなかったのが、足早に逃げるような人工生命に進化していったというんですね。外から手を加えないでも、多様な生命の進化がここで再現できたわけですよね。

しかもこの実験がすごいところは、それをなんどか繰り返したときの結果です。もう1回同じことをやるとどうなるかというと、同じような速い生き物は生まれなくて、分厚いブロックをつくって自分の身を守るタイプができたというんですね。実験を繰り返すたびに、捕食者から身を守るさまざまな方策をその生命が進化させていくというんです。設計者の意図を超えた進化がおこるということになるわけです。

しかも、このような計算実験は、実用的な用途もあるんですって。新型の車体などもこうして設計しうる。びっくりしたのは、人間が最初からこれが良いだろうと思って計算するデザインだけじゃなくて、コンピュータ上の自然淘汰の再現、模擬進化論としてのある種の実験によって、風の抵抗が最も小さいデザインが実現可能な時代がきているということなんです。すると、生態系の模倣としての、神なき、設計者なきデザインが今後出現するんだと。それはたぶん、木の多様な形は人間が設計したわけではなく、自然選択の積み重ねによって、この世界に生まれてきたのと違いないんじゃないか。世界の外側に立たなくてもそういうことができるようになってくる。だから、泥と光と星に分かれる発想ではないものが、できつつあるんじゃないかと思ったんです。

鶴岡　それを生み出すのはコンピュータじたいということですね？

鏡　初期設定だけだから、なにかに向かってやれとは言っていないわけです。設計なき世界創造。

鶴岡　私たちは利便性というレヴェルで考えているけど、20世紀前半、1930年ごろまでのアール・デコの時代に、アメリカは、唯物的なものだけを追っていたのではなく、先駆的に神の創造的インテリジェンスの世界に到達すべく、中世ヨーロッパのゴシック建築を模倣してマンハッタンの摩天楼を最速でつくりだした人々もいました。

鏡　進化論にたいしてのインテリジェント・デザイン。創造説の科学ヴァージョンについて詳しくないんですけど、こんな複雑な生態系は偶然ではたぶんつくれない。だから、インテリジェントなデザイナーがいたという発想だったと思うんです。けどそうじゃなくて、デザイナーなんていなくても、この多様な世界が形成されるということが実験でも証明可能かもしれないということですね。

最初からある「形相」がこの世界の泥にスタンプを押すということではなくて、あるいは設計図に従ってこの世界が造られるというのではなくて、ごく単純なルールを適用するだけで、世代を重ねていくうちにこの世界の多様性がそれこそ「自ずから然って」ゆく。

鶴岡 古代インドではシヴァ神のダンスに表現されたように、創造し、維持し、破壊するという循環で考えられましたね。

鏡 境界線をなくしてもかまわないということですよね。

鶴岡 破壊する御業と、創造する御業はつながっていて、偶然に形成されるものに醍醐味と生命を人間は直観してきましたね。

「ユニ」を裏返すこと

鶴岡 現代人は「グローバル」の「グローブ＝地球」を日夜見ているわけですけど、いったい宇宙とは何か。地球とは何か。「ユニヴァース」の「ユニ」は「ひとつの」という意味であり、「ヴァース」は「転ずる」や「裏返りながら展開する」という意味です(図3)。「リヴァーシブル」というのは、展開して裏返しても着られますという意味ですね。そして西洋中心の思想では、地球が1本のぶれない軸(真理)を保ちながら展開しているという考えかたを、ユニヴァーサルというわけです。

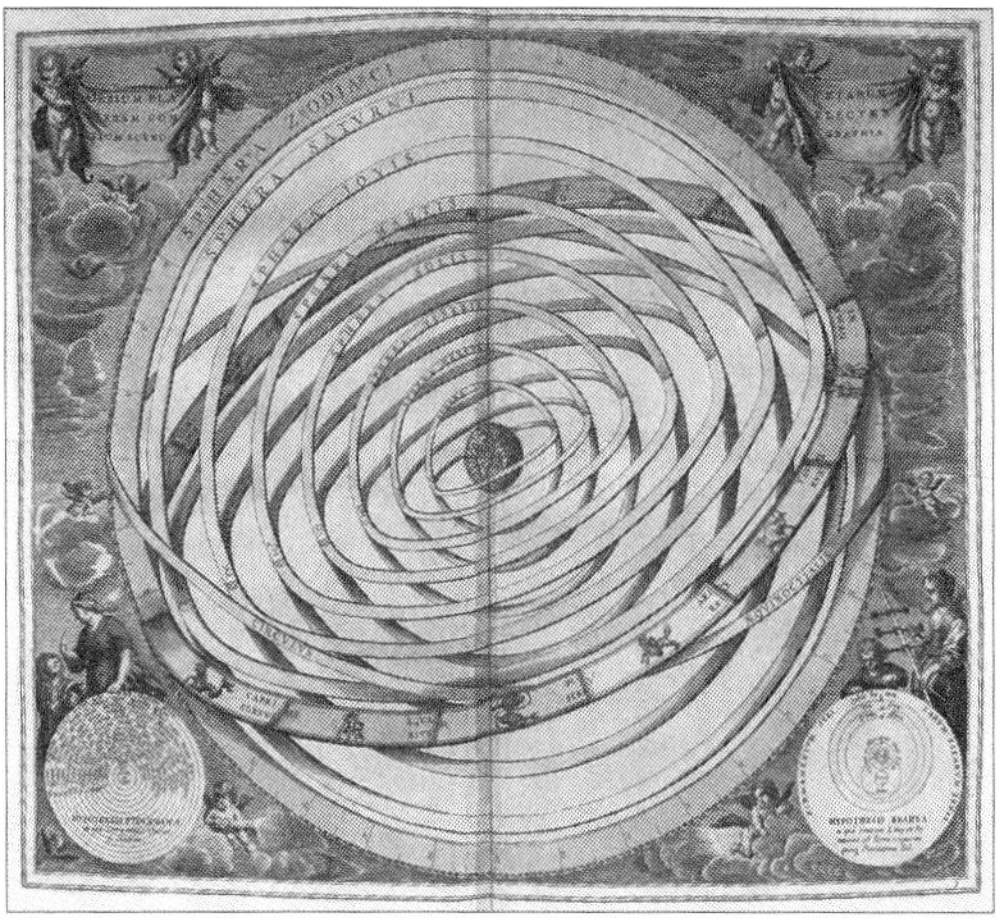

図 2 「地球（宇宙）」

図 3 転ずる地球

しかし私たちは、別に理屈をつけなくても自然に、地上のさまざまなものが裏返り、交換しあいながら、展開、回転していることを知っています。大きく分ければ、1本の軸＝ひとつの真理を強調するキリスト教西洋の思想と、真理はひとつではなく多様にさまざまに回転していくと考える東洋の思想があります。渦巻きの思想は、多様なものを吸収しながら展開する思想で、これははるかキリスト教以前から、地球上の各地にありました。

鏡 さっきのコンピュータの再現できる世界って、渦巻きの世界に近いと思うんですよ。渦巻きがいくつかあるときに、合わさってどうなるかは予測不能じゃないですか。でもその結果、だれかが設計したものではなくたまたま世界が動いていて、渦巻きには中心があるかもしれないけど、それが重なったり、反発したり、永遠にリヴァースしながら展開するので、この世界の多様性が生まれていく。そういう世界観にひょっとしたら近いんじゃないか。コンピュータ・シミュレーションがそこに近づいてきたのかもしれないですね。

鶴岡 ユニヴァースの「ユニ」が太字で、「ヴァース」が細字のと、「ユニ」が細字で「ヴァース」が太字のものを、イメージするとわかりやすい。同じグローバリズムでも、アクセントによって読み替えることができる。前者は、一神教的な、西欧中心主義的なものがすべてを統治し、そのシステムのなかでそれを徹底してゆるがせにしないグローバリズム。後者は、グローバルなものをリヴァーシブルにしていくというか、「ヴァース」のほうを考えていくグローバリズムです。

鏡　１９８０年代から90年代、ＩＴ革命が起こってきたころには、インターネットや情報化時代になるとグローバルヴィレッジになる、世界の裏側で起こっていることが隣で起こっているように感じて、人類は結ばれるようにイメージしていた。グローバルな惑星意識をもつことができて、平和になっていくはずだと思っていたのに、現実は全然逆ですよね。グローバリズムにいくはずだったのに、むしろクラスター化、島宇宙化が加速しているような気もします。

鶴岡　おっしゃるように、アメリカでは20世紀に、「ユニヴァーサル」という3大映画会社のひとつができました。その名称のユニヴァースや、大学を意味するユニヴァーシティといった用語は、いま申しましたように、ひとつの真実の軸線の周りをぐるぐる回転する世界、という概念とイメージの代表です。映画会社のほうは、その概念を表している有名な「地球」が商標になっていますね。

「ユニ」と「ヴァース」で構成されたこの概念。そのうち後者の言葉、「ヴァース」のほうに重点を置いて考えると、世界を速度ある強力な展開性のほうでイメージできる。子供のころから、高速で力強く回転、展開する「ヴァース」の感覚を教えられる。私たちはぐんぐん回るんだよ、展開するんだよと。

日本も幕末・明治から戦後を経て今日、グローバルなユニヴァーサルな地球のシステムに参入し、より大きく展開しはじめた。

鏡 大学という意味では「ユニヴァーシティ」と「マルチヴァーシティ」と「ダイヴァーシティ」と3つつくればいいと（笑）。

鶴岡 そうですね。「ヴァース」の動力のある人や共同体はすごいですね。日本人は近代以前には、一見、動力の高速性はなかったように見えますが、そうではなく、我々の芸術や文化には、縄文以来、展開、回転の力を秘めたものがたくさんつくられてきました。

カルタやトランプの遊びのように、さらに既成概念を「裏返せる人」になれば、教育も社会も大成功だと思うんです。既存の「ユニ」を新たに「ヴァース」する、心と手と頭脳ともつ子供たちだったら裏返せる。みんな、裏返したいと思って生きている。

鏡 僕はうらないしですから（笑）。

鶴岡 占い師が、裏返し！　それは最高です（笑）。

あとがき

闇から光へ——時空を旅する対話

鶴岡真弓

鏡リュウジさんと対話させていただく本は、これが2冊目に当たる。最初の対話は鏡さんがイギリスの最西端のコーンウォール地方を旅され、そこでのミステリアスな体験を主題にお話を進めたものだった。

鏡さんがよく訪れるイギリス（ブリタニア）には、ヨーロッパの基層文化をつくった「ケルト文化」の遺跡や神話伝説が豊かに伝えられていて、アーサー王の生まれたティンタジェル城や、トリスタンとイゾルデの悲恋の伝説の舞台もコーンウォールにある。

その対話でも鏡さんは占星術研究家として、ブリリアントな直観と洞察を発揮され、活き活きとケルトの「土地の霊（ゲニウス・ロキ）」と出合った経験をたくさんお話ししてくださった。

私の専門は、西はアイルランドから大陸のフランス（ガリア）、東はトルコにまで広がった「ケルト芸術文化」を追いかける研究であるから、その対話の機会はとても嬉しいことだったのだ。

そして時は熟した。「ご縁の神様」は、さらなるコルヌコピア（豊饒の角）を用意してくれていた。このたび、鏡さんの占星術の世界が全開する、またとないテーマでお話しする機会が実現したのである。それは編集者で民俗学者の畑中章宏さんが以前から暖められてきたもので、なんと宇宙自然の「天体」、そして、人間が生きていくための時間の舟である「暦」、すなわち「日月火水木金土＋地球」のすべてを巡って、占星術、錬金術、魔術、医術、神話・伝説、シンボリズム、歴史、文化、芸術を2人で横断するというものなのである。

私たちは本書で、日月を地上から仰いだかと思うと、太陽系の惑星の間をペガサスの翼に乗って飛び交い、最後には地球という生命の星をみなおしていく。

つまりこの本は、机をはさんだダイアローグを超え、宇宙自然、ユニヴァースそのものの時空を飛行するものとなった。

そこでは宇宙にも地球にも闇が横たわっていることが見えてくる。しかし宝石を輝かせるためには、暗色の美しいビロードが必要であるように、歴史と現在に見え隠れする闇も光を産出する床《とこ》であったのだということがわかってくる。

人類はさまざまな場所で遭遇した闇を知り、しかしそこに絶対沈み込むことなく、「光のほうへ漕いでゆこう」としてきた、大いなる旅を辿っているのだ。そして本書は未来への新たな軌道を探るジャーニーを続けていく。私は各章で鏡さんの占星術のお話を受けながら、人類の文化芸術や神話的思考について、主に「ケルト」の神話伝説や祭暦やアートの話をちりばめ対話させていただいている。

この経験を私は、あのウォルト・ディズニーの最高傑作『ファンタジア』で天文学者＝魔法使いに弟子入りしたミッキー・マウスに見せてあげたい。ミッキーは夢のなかで天球の指揮台に登り、全宇宙の星々を動かせる指揮者になれると一瞬錯覚した。でも彼はちょっと修行が足りず、月と星の帽子を師匠に戻さざるをえなかった。ミッキーが本書を座右の書にしていたら、彼はその夢をもっと長く見続けられるどころか、ほんとうに「日月火水木金土＋地球」に込められた「秘密の生命力」を掴むことができると思うからである。

日月星のように輝く鏡さんの、眼と言葉が光るなかで、そうした旅をさせていただいた幸運を心から感謝したいと思う。そしてこのユニークな書を世に送り出してくださった畑中章宏氏と平凡社の日下部行洋氏に御礼を申し上げます。

7つの星がおりなすマンダラ

鏡リュウジ

「鶴岡真弓先生と対談で本をつくりませんか？」

民俗学者にして編集者の畑中章宏さんからお誘いを受けたのは、鶴岡先生と畑中さんの対談イベントを聴きに行ったおりのことでした。

鶴岡真弓先生のご著作の長年のファンであった僕は、まったく舞い上がってしまって「ぜひぜひ」なんていいながらも、真にうけてよいのか、半信半疑だったのが正直なところです。なんといっても、世界的なケルト文化史の研究者である鶴岡先生と、僕のようなものが同じ土俵で話すなんてできるはずもないのですから。

仕事柄、さまざまな方と対談させていただく機会は多いのですが、たいていは僕が聞き役というかインタビュー者となっていろいろ教えていただくというかたちが多いのです。言葉通りの「対談」なんてとてもとても……。

話半分に受け流していたところ、次に畑中さんからいただいたアイデアはそれは素敵なものでした。そう、曜日の名前になっている7つの惑星を手がかりに、自由にさまざまなことを話していい、というのです。

占星術の星のことであれば、僕は子供の頃から興味を持っていろいろやってきましたから、少しはお話しすることもあるかもしれません。それに、鶴岡先生と何回かまとまってじっくりとお話しできるなんて、こんな贅沢な機会を逃すわけにはいきません。

そこで、勇気を出して、このお誘いに乗ってみることにしたのでした。

この対談は毎回、その天体にまつわる図像を数点もちより、思いついたままに話していくというかたちをとりました。そして数回にわたって神田で行われたおしゃべりの時間は、予想通り、いえ、それ以上に濃厚で、キラキラしたものになりました。鶴岡先生からとめどなく繰り出される豊かなイメージ群と知識、そして、先生が「旅の仲間」とおっしゃる、人類にたいしての壮大なスケールの愛に圧倒されつつ、星の世界に遊ぶこの上ない幸福を味わいました。この本は、その幸福感の、みなさんへのおすそわけとして作られたといっても過言ではありません。

対談の冒頭でもお話ししたように、曜日というのは占星術の循環的な宇宙観からなりたっています。話題は循環し、巡り、螺旋を描き、うちへ、そとへ、展開していきます。

それは直線的な論理ではなく、ケルトの渦巻き模様のように、ぐるぐると旋回しながら、ヴィジュアルなイマージュを手がかりとして数万年の時を経て歩んできた僕たち旅の仲間の軌跡をたどってゆきます。

7つの星がおりなすのは、複雑なイメージの連鎖からなる大きなマンダラのようなものであり、僕たちの思考やイメージがたどる航路のようなものでもあります。

この会話が、もしみなさんの心のどこかと共鳴し合い、そしてみなさんと僕たちが「旅の仲間」であることを今一度確認しあう何かのきっかけになれば、こんなにうれしいことはありません。

この小さな本は、たぶん、みなさんと僕たちが一緒に綴ってゆく航海日誌、あるいは旅行記の最初の章になるのではないかと思っています。

さあ、螺旋の道を通り、薄明の霧を抜けて、ともに旅をつづけていきましょう。

参考文献

〈日〉

デイヴィッド・E・ダンカン著、松浦俊輔訳『暦をつくった人々——人類は正確な一年をどう決めてきたか』河出書房新社、一九九八年

リオフランク・ホルフォード＝ストレブンズ著、正宗聡訳『暦と時間の歴史』丸善出版、二〇一三年

ニコラス・キャンピオン著、鏡リュウジ監訳、宇佐和通／水野友美子訳『世界史と西洋占星術』柏書房、二〇一二年

アニエラ・ヤッフェ編、河合隼雄ほか訳『ユング自伝2』みすず書房、一九七三年

松村一男／渡辺和子編『太陽神の研究』上・下、宗教史学論叢七・八、リトン、二〇〇二〜〇三年

〈月〉

ハリー・オースティン・イーグルハート著、矢鋪紀子訳『女神のこころ——聖なる女性をテーマにした芸術と神話』現代思潮新社、二〇〇〇年

ジュールズ・キャッシュフォード著、別宮貞徳監訳、片柳佐智子訳『図説月の文化史——神話・伝説・イメージ』柊風舎、二〇一〇年

鏡リュウジ『タロット——こころの図像学』河出書房新社、二〇〇二年

鶴岡真弓編著『京都異国遺産』平凡社、二〇〇七年

鶴岡真弓『装飾する魂——日本の文様芸術』平凡社、一九九七年

オーウェン・デイビーズ著、宇佐和通訳『世界で最も危険な書物――グリモワールの歴史』柏書房、二〇一〇年
M・＝L・フォン・フランツ著、秋山さと子ほか訳『メルヘンと女性心理』海鳴社、一九七九年
バーナード・ミーハン著、鶴岡真弓訳『ケルズの書』創元社、二〇〇二年
バーナード・ミーハン著、鶴岡真弓訳『ケルズの書――ダブリン大学トリニティ・カレッジ図書館写本』岩波書店、二〇一五年
Bull, M., *The Mirror of the Gods*, Chap. 7, Oxford University Press, 2005
Greene, L., *The Astrology of Fate*, Weiser, 1984

〈火〉

アポロドーロス著、高津春繁訳『ギリシア神話』岩波文庫、一九五三年
沓掛良彦訳註『ホメーロスの諸神讃歌』平凡社、一九九〇年
鶴岡真弓「ドルイド『タリアセン』は二度蘇る――フランク・ロイド・ライトと二つの『N』」、『怪』vol. 47、角川書店、二〇一六年
鶴岡真弓「ひるがえる二色――廣子とみね子」、片山廣子／松村みね子『燈火節――随筆＋小説集』月曜社、二〇〇四年
A・L・ハクスタブル著、三輪直美訳『未完の建築家　フランク・ロイド・ライト』TOTO出版、二〇〇七年
George, D. and Bloch, D., *Asteroid Goddesses*, ACS Publications, 1986

Greene, L., "Alcemical Symbolism in the Horoscpe" in Greene, L. and Sasportas, H., *Dynamics of the Unconscious*, ARKANA, 1988
Greene, L., "Love and the Alchemical Saturn" in Ed. by Campion, N. and Curry, P., *Sky and Psyche*, Floris Books, 2006
Reinhart, M., *Chiron and the Healing Journey*, CPA Press, Starwalker Press, 1988
Reinhart, M., *Chiron, Pholus and Nessusi to the Edge and Beyond*, CPA Press, 1996

〈水〉

紀貫之著、萩谷朴校注『土佐日記』校注古典叢書、明治書院、一九七二年
レオナルド・ダ・ヴィンチ著、杉浦明平訳『レオナルド・ダ・ヴィンチの手記』上・下、岩波文庫、一九五四年
鶴岡真弓「古代ケルト文化と『水界』への信仰」、『祈りと再生のコスモロジー——比較基層文化論序説』成文堂、近刊

〈木〉

ラーシュ・マーグナル・エーノクセン著、荒川明久訳『ルーン文字の世界——歴史・意味・解釈』国際語学社、二〇〇七年
カエサル著、近山金次訳『ガリア戦記』岩波文庫、一九四二年
谷口幸男訳『エッダ——古代北欧歌謡集』新潮社、一九七三年

鶴岡真弓『阿修羅のジュエリー』イースト・プレス、二〇一一年
カサリン・バスフォード／阿伊染徳美『グリーンマン伝説』社会評論社、二〇〇四年
P・ファンデンベルク著、平井吉夫訳『神託――古代ギリシアをうごかしたもの』河出書房新社、一九八二年
M・ローウェ／C・ブラッカー編、島田裕巳ほか訳『占いと神託』海鳴社、一九八四年
ジェフリー・オヴ・モンマス著、瀬谷幸男訳『マーリンの生涯――中世ラテン叙事詩』南雲堂フェニックス、二〇〇九年
Graves, R., *The White Goddess*, Faber & Farber, 1948
William, L., *Christian Astrology*, 1647
Rahtz, P., *Glastonbury*, English Heritage, Batsford, 1993
Stewart, R.J., *The Mystical Life of Merlin*, ARKANA, 1986

〈金〉

ミルチャ・エリアーデ著、大室幹雄訳『鍛冶師と錬金術師』、「エリアーデ著作集」第五巻、せりか書房、一九七三年
スタニスラス・クロソウスキ・ド・ローラ著、種村季弘／松本夏樹訳『錬金術――精神変容の秘術』平凡社、二〇一三年
鶴岡真弓『黄金と生命――時間と錬金の人類史』講談社、二〇〇七年
F・S・テイラー著、平田寛／大槻真一郎訳『錬金術師――近代化学の創設者たち』人文書院、一九

七八年

〈土〉
ウェルギリウス著、小川正廣訳『牧歌／農耕詩』西洋古典叢書、京都大学学術出版会、二〇〇四年
フランク・ロイド・ライト著、富岡義人訳『自然の家』ちくま学芸文庫、二〇一〇年
松村一男『神話思考1 自然と人間』言叢社、二〇一〇年
Ptolemy, Trans. by Ashman, J. M., *Tetorabiblos*, Astrology Classics, 1822/2002
Agrippa, Trans. by Freake, J., Ed. by Tyson D., *Three Books of Occult Philosophy*, Llewellyn, 1993
Matthews, Caitlin and John, *The Western Way*, Native Tradition, Hermetic Tradition, ARKANA, 1985/86

〈地球〉
C・スコット・リトルトン／リンダ・A・マルカー著、辺見葉子／吉田瑞穂訳『アーサー王伝説の起源
——スキタイからキャメロットへ』青土社、一九九八年
鶴岡真弓・松村一男『図説 ケルトの歴史——文化・美術・神話をよむ』河出書房新社、一九九九年
松岡利次編訳『ケルトの聖書物語』岩波書店、一九九九年
松岡利次『アイルランドの文学精神——7世紀から20世紀まで』岩波書店、二〇〇七年

鶴岡真弓

多摩美術大学教授・同芸術人類学研究所所長。専門はケルト芸術文化とユーロ＝アジア装飾デザイン史研究。早稲田大学大学院修了。アイルランド・ダブリン大学留学。処女作『ケルト／装飾的思考』でケルト文化・芸術理解の火付け役に。著書に『装飾する魂』『ジョイスとケルト世界』『図説 ケルトの歴史』『京都異国遺産』『阿修羅のジュエリー』『すぐわかるヨーロッパの装飾文様』など多数。映画『地球交響曲第一番』でアイルランドの歌姫エンヤと共演。火曜日生まれ。

鏡リュウジ

占星術研究家、翻訳家。10代の頃より占星術や深層心理学などをテーマに各種メディアで活躍、従来の「占い」のイメージを一新。英国と日本を往復しつつ、英国の神秘を積極的に日本に紹介。国際基督教大学大学院修了。京都文教大学、平安女学院大学客員教授。著訳書に『世界史と西洋占星術』『ユングと占星術』『占星術夜話』ほか多数。土曜日生まれ。

日月火水木金土
7つの星をめぐる話

発行日　2016年7月25日　初版第1刷

著者　鏡リュウジ　鶴岡真弓

発行者　西田裕一
発行所　株式会社平凡社
東京都千代田区神田神保町3-29
〒101-0051
電話　(03)3230-6584［編集］
(03)3230-6573［営業］
振替　00180-0-29639
印刷・製本　中央精版印刷株式会社
装幀　榊原健祐(Iroha Design)

©KAGAMI Ryuji, TSURUOKA Mayumi 2016 Printed in Japan

ISBN978-4-582-83734-6
NDC分類番号148.8　四六判(18.8cm)　総ページ224
平凡社ホームページ http://www.heibonsha.co.jp/

落丁・乱丁本のお取り替えは小社読者サービス係まで直接お送りください(送料は小社で負担いたします)。